Hans Joachim Schliep

Mehr als meine Augen sehen -

Hans Joachim Schliep

Mehr als meine Augen sehen -

Kronsberger Predigten 2

Fromm Verlag

Impressum / Imprint
Bibliografische Information der Deutschen Nationalbibliothek: Die Deutsche Nationalbibliothek verzeichnet diese Publikation in der Deutschen Nationalbibliografie; detaillierte bibliografische Daten sind im Internet über http://dnb.d-nb.de abrufbar.

Bibliographic information published by the Deutsche Nationalbibliothek: The Deutsche Nationalbibliothek lists this publication in the Deutsche Nationalbibliografie; detailed bibliographic data are available in the Internet at http://dnb.d-nb.de.

Coverbild / Cover image: www.ingimage.com

Verlag / Publisher:
Fromm Verlag
ist ein Imprint der / is a trademark of
AV Akademikerverlag GmbH & Co. KG
Heinrich-Böcking-Str. 6-8, 66121 Saarbrücken, Deutschland / Germany
Email: info@frommverlag.de

Herstellung: siehe letzte Seite /
Printed at: see last page
ISBN: 978-3-8416-0391-3

Inhaltsverzeichnis Seite

Einige Predigten wurden in z. T. etwas anderer Form im Internet veröffentlicht: <Göttinger Predigten im Internet>, <predigten.evangelisch.de> und <predigten.de>.

MEHR ALS MEINE AUGEN SEHEN - EINFÜHRUNG UND WIDMUNG

Liebe Leserin, lieber Leser!

„Von Gott wissen wir nichts. Aber dieses Nichtwissen ist Nichtwissen von Gott.“[1] Mithin bedeutet zu predigen, von einem Mehr zu sprechen, das mit den eigenen Augen nur umrisshaft wahrgenommen, mit eigenen Worten nur unvollkommen ausgedrückt werden kann. Jedes auszulegende biblische Wort verweist auf den unergründlichen Namen *Gott* und jede in diesem Namen angesprochene Person auf das Geheimnis der *Menschen*, die ihn selbst auszusprechen wagen oder den sie nicht mehr oder noch nicht nennen können. Darum habe ich für die ‚Kronsberger Predigten 2’ das Motto gewählt: MEHR ALS MEINE AUGEN SEHEN.

Die 1. Sammlung erschien im Jahr 2012 unter dem Titel WAS UNS UNBEDINGT ANGEHT. Wie schon diese Predigten wurden auch die hier abgedruckten keineswegs alle im Ev. Kirchenzentrum Kronsberg in dem zur EXPO 2000 errichteten Wohngebiet in Hannover gehalten. Sie nehmen aber Erfahrungen auf, die mir im Rahmen der Gemeindebildung in dieser jungen Gemeinde (Durchschnittsalter im Jahr 2000: 30 Jahre, Zugehörigkeit zur Ev.-luth. Landeskirche Hannovers: 28%) zuteil wurden und die ich erst in Predigten als Ruheständler verarbeiten konnte.

Diese Predigten wurden oft unter Druck, nie für den Druck verfasst. Deshalb sind nur wenige Zitate belegt. Ebenso um Nachsicht bitte ich für unerkannt gebliebene Schreib- und Formfehler. Predigttexte sind meist nur dann vollständig mit abgedruckt, wenn sie nicht aus der Luther-Bibel 1984 stammen. Alle biblische Zitate sollten in Kursivschrift stehen, die gelegentlich auch der Markierung von anderen Texten dient. Statt auf Situationsbezogenheit in WAS UNS UNBEDINGT ANGEHT kommt es mir in MEHR ALS MEINE AUGEN SEHEN mehr auf Textbezogenheit an. Darum sind hier die Predigten - statt nach Datum - in biblischer Reihenfolge der Ausgangstexte angeordnet. Am Schluss stehen Lied-, Literatur- und Filmpredigten.

Gewidmet sei dieses Buch *Andreas Badenhop, Klaus Heinisch, Dirk Pöttmann, Herbert Struckmeier* und *Uwe Swatek* vom jetzigen Vorbereitungskreis für das ‚Kronsberger Männerfrühstück’, dem überaus kreativen Küsterehepaar *Marga* und *Heinz-Dieter Schmuderer* mit Enkelin *Laura Matschke* sowie meiner Nachfolgerin am Ev. Kirchenzentrum Kronsberg, Pastorin *Mirjam Schmale.*

Hans Joachim Schliep Hannover, Trinitatisfest 2013

---

[1] Franz Rosenzweig: Der Stern der Erlösung, Bibliothek Suhrkamp 973, Frankfurt/M. 1996, S. 25. Zu einem heute verantwortbaren Schriftverständnis vgl. Michael Coors: Theologische Texttheorie. Theologische Erkundungen zur Textualität zwischen Ludwig Wittgenstein und Johann Andreas Quenstedt, Neue Zeitschrift für Systematische Theologie und Religionsphilosophie 51/2009, S. 400-426.

[1]
„Baum des Lebens" - Predigt zu 1. Mose 2,4b-17
Ev. Kirchenzentrum Kronsberg Hannover
24. August 2008 - 14. Sonntag nach Trinitatis[1]

Den ganzen Abend, *liebe Gemeinde*, dazu die halbe Nacht, *liebe Freundinnen und Freunde*, könnte ich erzählen von unseren Anfängen auf dem Kronsberg. Hier war ja immer Anfang, ist es nach wie vor und bleibt es hoffentlich noch lange. Heute jedoch beschäftigt mich mehr noch die Frage: Wo liegt der Anfang, der uns alles Anfangen ermöglicht, der Anfang *in* allen Anfängen? Dieser Frage gehe ich nach im Blick auf eine der ältesten biblischen Erzählungen:

Textlesung: 1. Mose 2,4b-17 nach Zürcher Bibel 2007

Der Mensch im Garten Eden. Ein Mythos aus dem kollektiven Gedächtnis unserer abendländischen Kultur. Jedes Wort ist Dichtung - und Wahrheit. Wer sich nämlich einlässt auf diese wirkmächtigen Bilder, merkt sofort: sie sind wahr, wahrer als das, was wir an Weltwissen erforschen können. Sie wollen keine Theorie der Weltentstehung sein, sondern uns den inneren Daseinssinn erschließen. Selbst wenn sämtliche wissenschaftlichen Fragen beantwortet wären, wären dann unsere Lebensfragen überhaupt schon gestellt?

Zur Zeit, als der HERR, Gott, Erde und Himmel machte... benennt keinen feststellbaren Zeitpunkt, sondern das Anfangen überhaupt, das Geschehen, das in, mit, unter allen Geschichten geschieht. „Schöpfung" ist stetiges Geschaffenwerden: ständiges Anfangen, nach vorne offenes, nie abgeschlossenes Werden! Für die Bibel ist

---

[1] Der Predigttext aus 1. Mose 2 ist eigentlich dem 15. Sonntag nach Trinitatis zugeordnet. Dazu wurde diese Predigt auch für die Göttinger Predigten im Internet erbeten und dort veröffentlicht. Doch habe ich sie bereits gehalten zu meiner Verabschiedung am 24.08.2008 um 18.00 Uhr in der Abendkirche im Ev. Kirchenzentrum Kronsberg (siehe Einführung, S. 3). Die Architektur des Ev. Kirchenzentrums Kronsberg (Sozial-, Behinderten-, Eigentumswohnungen verbunden mit einer Kirche) folgt der Idee eines modernen, von allen Seiten zugänglichen Klosters, hat also auch einen „Kreuzgang" und ein „Paradies". Das Gemeindekonzept entspricht einer „Citykirche am Stadtrand" mit neuen Gottesdienstzeiten, neuen Liturgien und anderen neueren Formen kirchlicher Arbeit. - Im Gottesdienst wurden - neben musikalischen Beiträgen von Klassik bis Gospel, Sologesang und Instrumentalmusik - von der Gemeinde u. a. folgende Lieder gesungen: „Halleluja! Pelotsarona..." (Lebensweisen. Lieder zum Kirchentag 2005, Nr. 38), „Du meine Seele, singe..." (EG 302), „Ich glaube, Gott schuf diese Erde..." (Mel.: EG 330, Text: Ulrich Tietze: Ich brauche dich, mein Gott, als Quelle, München 2006, Nr. 23 - ein neues Credo), „Kommt mit Gaben und Lobgesang..." (EG 229), „Ich lobe meinen Gott von ganzem Herzen..." (EG 272). - Anregungen und Formulierungen verdanke ich: Thomas Assheuer; Ernst Bloch; Ruthild Depke; Nikolaus von Kues/Kurt Flasch; Abraham J. Heschel; Walter Klaiber; Georg Lämmlin; Jürgen Moltmann; Harry Mulisch; Michael J. Sandel; Horst Seebass; Wolfgang Schoberth. - Da m. E. die Verse 16 und 17 unmittelbar mit Vers 15 zusammenhängen und an dieser Stelle viele Missverständnisse bestehen (Gott als der Verbietende), habe ich diese Verse mit einbezogen.

„Urknall" immer und die Existenz vieler Universen im Grundsatz kein Problem. Die Frage ist nur: Woraus erschließt sich Lebenssinn? Die Bibel sagt: Lebenssinn erschließt sich dir nur, wenn du weißt, wem sich alles Leben verdankt, also auch dein Leben.

Ja, verdankt. Denn die Erde, obwohl schon geschaffen, ist noch leer, auf ihr fehlen die Feldgewächse: Gott hat es nämlich *noch nicht regnen lassen*. So geht es hier mehr um die Ausstattung als um die Erschaffung der Erde. Dabei wohnt den schlichten Worten eine überschießende Erwartung inne: Was noch aussteht, was um des Lebens willen unbedingt zu erhoffen ist - es kommt, es wächst!

Kommen und Wachsen hängen ab von Gott *und* vom Menschen: Es ist nämlich auch noch kein Mensch da, den Erdboden zu beackern. Die Bibel sieht die Menschheit, schon bevor sie da ist, als Partnerin Gottes! Zugleich ganz im Zusammenhang mit der Erde: der homo aus humus, die humanitas, Menschlichkeit, kraft der humilitas, Demut. Keine Menschlichkeit ohne Mitgeschöpflichkeit! Ich bin Leben, das leben will, inmitten von Leben, das leben will! (nach Albert Schweitzer)

Es geht um des Menschen Mitwelt - und damit um Grundlegung und überhaupt den Grund des Lebens. Darum wird hier erst einmal von Gott gesprochen. Israel gibt dem Göttlichen, dem unbegreifbar Umgreifenden, einen Namen: JHWH. Dieser Name kommt von „sein", „hajjah"! Das zunächst un-persönliche Sein bekommt einen ur-persönlichen Namen: „Gott". Sein-Selbst als Sein für uns Menschen. Leben in Beziehung, im Werden. Gott sorgt für die Versorgung des Menschen gleichsam schon, bevor dieser geschaffen ist.

Leben im Überschuss. Das drückt auch das Wort „Eden" aus: „Wonne". Doch zuerst ist da nur Erde und kein Eden. Die Erde selbst enthält Überschuss: Aus ihr bricht ein *Wasserschwall* hervor, feuchtet den trockenen *Staub vom Acker* und macht ihn formbar - und geformt wird Mensch: „adam" wird gebildet von der „adamah", der Ackererde. In einer Gestalt, Mann und Frau noch in sich tragend, die ganze Menschheit.

Evolutionsbiologie und moderne Kosmologie gelten als wissenschaftliche Theorien ohne Wenn und Aber auch für den christlichen Glauben. Doch wissen sie, wenn sie das Leben aus dem Wasser sich entwickeln sehen und den Menschen letztlich aus Sternenstaub, mehr als der Mythos? Ja, wir sind Sternenstaub, mit allem Lebendigen zusammen. Sternenstaub, hier zu klebrigen Ackerkrumen - Denkt ihr jetzt an den Lehm, der in den ersten Jahren hier auf dem Kronsberg von unseren Schuhen nicht ab- und aus unserer Kleidung nicht herauszubekommen war? - zusammengeballt, aus denen ein Erdling geformt wird, den wir „Mensch" nennen.

Das also bist du, Mensch: ein Erdklumpen! Ein Erdklumpen, der atmen kann - weil er beatmet ist. Die ›Bibel in gerechter Sprache‹ übersetzt Vers 7 sehr schön: *Da wurde der Mensch atmendes Leben.* Atmet einmal tief durch - - - Ja, das sind wir: *atmendes Leben*, im Hebräischen: „näphäsch hajjah“. „Näphäsch“ bedeutet ursprünglich „Kehle“. Daraus wurde das Wort „Seele“. Ist die „Seele“, wie man sich später vorgestellt hat, ein Teil des Menschen, dazu der wichtigste, weil zur Auferstehung fähige? Nein. Im Sinne der Bibel hat der Mensch keine „Seele“, sondern er *ist* „Seele“, wie er Leib *ist* und Geist *ist*! Die „näphäsch hajjah“ ist der Mensch als lebendes Selbst, als lebendiges Individuum, als personale Vitalität.

Im Einatmen also strömt Menschlichkeit in uns hinein, im Ausatmen geben wir sie wieder frei. *So* leben wir *von* dem, was uns umgibt - statt aus uns selbst. Der Lebensatem macht uns keineswegs göttlich, sondern erweist den Atem als Gabe und mit ihm das Leben selbst.

Wo aber ist dabei eigentlich *Gott* - und was ist dann der *Mensch*?

„Gott“ ist, wie schon angedeutet, der Name für dieses Geschehen, das die Gabe und so die Voraussetzung des Lebens darstellt. Name nicht nur für das Gute, Genehme, sondern das Ganze! Gleichsam im Leben Gottes werde ich von außerhalb meiner selbst zu einem lebendigen Selbst. Dafür kann es nur ein Bild geben: Gott als personaler Grund des Lebens, als mir verbundenes Gegenüber, in dessen „Angesicht“ ich lebe. Aus diesem Angesehenwerden, wie es uns in jedem Segen am Schluss eines Gottesdienstes zugesagt wird, erwächst ein elementares Verbundensein mit dem Sein selbst und daraus Mut zum eigenen Sein. Darin erfahre ich das ganz Andere, das über mein eigenes Leben, über Raum und Zeit hinaus ist.

Was ist nun der *Mensch*? Ein Erdklumpen, aber ein beatmeter, belebter. Kein bisschen mehr. Kein bisschen weniger. Erdenstaub im Gottesglanz, also wirklich „Sternenstaub“. Wie sagte Rabbi Bunam? „Ein Mensch muss über seinen Schultern zwei Taschen tragen, um, je nach Bedarf, entweder in die eine oder in die andere greifen zu können. In der rechten Tasche liegt das Wort »Um meinetwillen ist die Welt erschaffen worden«. In der linken Tasche das Wort »Ich bin Erde und Asche.«“

Auf die ewige Frage nach dem Menschsein habe ich nirgendwo sonst als in der Bibel eine illusionslosere und ideologie-kritischere Antwort gefunden. Die will erst einmal ausgehalten werden. Und ist mehr eine Frage zu unseren Antworten als eine Antwort auf unsere Frage.

Offenbar ist die Bibel mit dieser Aussage über den Menschen sogar zufrieden. *Als* Erdklumpen ist ein Mensch belebt vom Gottesatem. *Als* Geschöpf, als Kreatur, die zu Staub zerfällt, ist ein Mensch Gottes Ebenbild! Wer auf die göttliche Herkunft des

Menschen blickt, erkennt in ihm ein Stück Erde - und wer seine erd-stoffliche Herkunft annimmt, achtet ihn als Gotteskind. Die Erde: Meine Wiege, meine Heimat, mein Grab! Und Gott: der unergründliche Name der Liebe, die mich *darin* umfängt in Raum und Zeit und Ewigkeit!

Darum verschwendet die Bibel keinen Gedanken daran, der Mensch müsse irgendwie verbessert werden. Sie steht gegen alle Versuche, im Sinne einer „Eugenik“ menschliche Gene auf ein optimaleres Menschsein hin umzuprogrammieren. Die Heilung von Krankheiten ist aller Mühe, Kosten und vor allem Liebe wert. In die Irre gehen jedoch Ideen, den Menschen zu perfektionieren oder menschliche Klone als Ersatzteillager für erkrankte Personen zu produzieren, was über kurz oder lang möglich sein wird. Dem muss - weltweit - Einhalt geboten werden. Der Mensch ist nicht verbesserungs-, sondern vergebungs-, mehr noch: erlösungs-bedürftig! Gerade die Unplanbarkeit seiner Existenz ist Grund seiner Freiheit!

Ein moderner Wissenschaftler wie der Harvard-Professor Michael Sandel verlangt in seinem „Plädoyer gegen die Perfektion“ ein neues Gespür für das GEGEBENSEIN DES LEBENS, verbunden mit einer neuen OFFENHEIT FÜR DAS UNERBETENE. Mit unserem Wissen wächst auch unsere Verantwortung. Darum brauchen wir heute beides mehr denn je: Einsicht in das GEGEBENSEIN DES LEBENS und OFFENHEIT FÜR DAS UNERBETENE!

Damit bin ich wieder bei der „Garten-Eden-Erzählung“. Hat ein wildes Sturmgebraus „Erdling“ erweckt? Es war nur ein sanfter Lebenshauch! Auch der Name des ersten Opfers der Menschheitsgeschichte, *Abel*, bedeutet: „Hauch“! Dann ist Gott auch in diesem Hauch! So deute ich es, über den Text hinaus. Denn seit ich von Jesus Christus gehört habe, entdecke ich Gott vor allem im verborgenen, verletzlichen, fragmentarischen Leben! Von dieser Christusentdeckung her habe ich mich, auch wenn es nur ein kläglicher Versuch war, um eine „Theologie von unten“, eine „Theologie des Kreuzes“ bemüht, um eine „memoria passionis“: Erinnerung des Leidens, die des geschichtlichen Unrechts, der Gewalt eingedenk ist. Eine unzeitgemäße, störende und verstörende Erinnerung! Doch Gottes Spuren in Jesus Christus führen nun einmal zu einem konsequenten Einsatz für Gerechtigkeit, Frieden und Bewahrung der Schöpfung und damit für die Würde und das Recht der jeweils Schwächeren, die für viele nur *Abel*, ein wertloser „Hauch“ sind.

Ach, wie oft habe ich aufgrund von Rücksichtnahmen und eigenen menschlichen Schwächen die - zumal sozial - radikale biblische Botschaft halbiert! Ich kann Gott nur um Verzeihung bitten...

Nun ist sie da: „adam“, Menschheit! Jetzt könnte es weitergehen - mit ihr. Doch keinen Augenblick könnte menschliches Dasein allein bestehen. Dasein ist Zusammensein, Hineingenommensein in einen umgreifenden Lebensrahmen: *Dann pflanzte der HERR, Gott, einen Garten in Eden im Osten, und dort hinein setzte er den Menschen, den er gebildet hatte.*

Das Geschöpf Mensch wird nicht einfach dem Ackerboden überlassen - ihm wird ein Garten gepflanzt, ein umfriedeter Bezirk - das genau bedeutet „Paradies“. Der Garten ist zwar auch Acker, doch schon als besonders angelegte Pflanzung. Zuerst ein Garten in der Landschaft Eden, später heißt der Garten selbst „Eden“.

„Eden“ - wo liegt das denn? *Im Osten.* Wo sollten wir sonst die Anfänge des Lebens suchen als dort, wo die Sonne aufgeht?! Wo anders als im Blick nach Osten könnten wir feststellen, ob der Nacht ein Tag folgt, dem Dunkel ein Licht?! Gerade diese ungenaue Ortsangabe, diese Unbestimmtheit bewahrt den Überschuss, das noch Ausstehende. Kein Navi ließe sich einstellen auf ein Daseinsziel, einen Daseinssinn.

Wie der Garten für den Menschen ist der Mensch für den Garten gedacht und gemacht. Doch in ganz bestimmter Weise. Er wird durch die beiden Kulturströme Euphrat und Tigris (in der Zürcher Bibel *Chiddekel*) bewässert. Die sind dem Menschen *zu*gänglich, sie machen sein Land, obschon unter Gefahren, fruchtbar. Zudem ist noch von zwei Urströmen die Rede, die dem Menschen *un*-zugänglich bleiben: *Pischon*, der „Entspringende“, und *Gichon*, der „Aufbrodelnde“. Wasserfluten, die hinter dem Horizont Unbekanntes, Neues bergen. So umfließt der *Pischon* das Goldland *Chawila.* Damit soll Mensch nicht zum Goldgräbertum aufgefordert, sondern ausgedrückt werden: Diese Welt enthält Potentiale, die über das hinausgehen, was uns in Raum und Zeit erreichbar ist. Sie stehen uns nicht einfach als ausbeutungsfähige Ressourcen zur Verfügung. Erst wenn wir um das Unverfügbare wissen und es achten, kann der Garten Gottes zu einem Garten des Menschlichen werden.

Gerade von diesem Unverfügbaren lebt die Menschheit. Als die Menschen, nun Frau und Mann, aus dem Garten entlassen werden, kommen sie - statt in eine leere Welt - in einen Lebensraum, der in verborgener Weise von den Strömen des Urgartens fruchtbar gehalten wird.

Aber nicht erst dort, jenseits von Eden, ist der Mensch zum tätigen Leben bestimmt. *...damit er ihn bebaute und bewahrte.* Schon im Garten Eden bittet der „große Gärtner“ den „kleinen Gärtner“ um seine Mitarbeit, um beides: weitergehende Gestaltung *und* hegende Erhaltung. Von Anfang an gehört zum Menschen die Arbeit.

Da war es ganz richtig, dass in der Bauphase unseres Kirchenzentrums der schwere Baukran genau dort stand, wo sich jetzt unser Garten, „Paradies“ genannt, befindet. „Ich führe Sie jetzt ins Paradies!“, habe ich Besuchern gesagt, und bin mit ihnen um den Baukran herumgegangen.

Dabei stellt der biblische andere alte Schöpfungsmythen auf den Kopf. Denen zufolge sollen die fleißigen Menschen die faulen Götter entlasten. Doch in der Bibel ist der Mensch gerade nicht als Arbeitssklave für die Götter geschaffen, sondern um im tätigen Leben ein kreatives Selbst zu sein.

Martin Luther sagt treffend: „Der Mensch ist zur Arbeit geboren wie der Vogel zum Fliegen.“ Darum ist die Welt solange in schlimmer Unordnung, solange das Menschenrecht auf Arbeit uneingelöst bleibt. Niemand darf von der Teilhabe an der Lebensgabe und den Lebensgaben ausgeschlossen werden! Wenn wir nicht bald Arbeit, Brot, Bildung für *alle* schaffen, bleibt uns die Axt an die Wurzel gelegt, mögen die Börsenkurse auch gen Himmel klettern! Je höher sie klettern, desto größer ist die „Blase“, die über kurz oder lang ohnehin platzen wird.

Langsam beginne ich zu verstehen: Mit der Schöpfung ist ein weites Feld eröffnet für menschliches Wirken an der Güte und Schönheit der Welt. Im Garten hat der Mensch seinen Raum - durch den Menschen wird der Garten zum wirklichen Lebensraum. In diesem Sinn denkt die Bibel Menschsein fundamental *mit* Arbeit, wenngleich nicht *durch* Arbeit. Im tätigen Leben entfaltet, äußert sich unser Menschsein, Lebenssinn aber empfangen wir von jenseits unseres Handelns: aus der Gnade und Liebe Gottes, erfahrbar zuerst und zutiefst in der Annahme durch andere Menschen.

Diese Unterscheidung ist unaufgebbar. Sie findet sich im Kern schon in der „Garten-Eden-Erzählung“, auf die ich jetzt ein letztes Mal zurückkomme. „Eden“, das dürfte klar geworden sein, ist weder Lustgarten noch Traumland, also alles andere als ein „Paradies“ nach Art von Urlaubsprospekten. Aber dort wachsen *Bäume*. Sie sind Anlass einer großen Freigabe. Wir Menschen verdächtigen Gott ja immer, uns klein halten zu wollen. Was sind wir doch für Kleingeister?! Zuallererst kommt nämlich die Erlaubnis: *Von allen Bäumen des Gartens darfst du essen*! Vorher schon wurde der *Baum des Lebens*, der erste von zwei Bäumen im Lebensgarten, so beschrieben, dass er ganz für den Menschen da ist und Lust aufs Leben macht.

Warum aber soll der *Baum der Erkenntnis von Gut und Schlecht* - so wäre „Böse“ treffender übersetzt - bleiben wie er ist? Weil im tätigen Leben der Mensch seine Freiheit verliert an die bloße Nützlichkeit seines Tuns. Zur Freiheit des Handelns gehört die Freiheit des Lassens. Und die Freiheit, die Freigabe der Lebensgaben ereignet sich schon im Garten Eden.

Gut und Schlecht sind hier keine moralischen Begriffe. Religion ist mehr als Moral! In ihr geht es um das, was aller Moral vorausliegt, um die grundlegende Seinsbeschaffenheit, um die elementarsten Lebensbedingungen. Da kann kein Mensch, will er Mensch bleiben, Gott selbst sein wollen. Denn mit dem ganzen Wissen - das ist mit *Gut und Schlecht* gemeint: was zu wissen überhaupt möglich ist, die ganze Spannbreite möglicher Kenntnisse und möglichen Könnens - hätte der Mensch auch die ganze Verantwortung. Mit dieser geradezu galaktischen Aufgabe wäre die Menschheit heillos überfordert. Solche Unermesslichkeit ließe sie in Maßlosigkeit verkommen. Sie führte nur zu dem, was niemand wirklich wollen kann: Ein Mensch setzte sich an die Stelle Gottes und würde damit zum Übermenschen, also zum Unmenschen. Wir haben es erlebt, besonders in der deutschen Geschichte, gegen ganz Europa, gegen Millionen Menschen jüdischen Glaubens.

Und wie unglücklich bliebe ich, müsste ich selbst der Garant meines Lebensglücks sein?! In welche abgrundtiefe Traurigkeit müsste ich versinken, wenn ich keines Trostes mehr bedürftig wäre?! Wohin sollte ich mich in Dank und Klage wenden, wenn Gott nicht der Name für das Ganze, sondern nur für das mir Genehme wäre?!

Grenzziehung macht Freiheit erst möglich. Zumal im Blick auf unser Weltwissen. Unser Wissen - und hoffentlich auch Können - wird weiter wachsen, vor allem, wie ich hoffe, in der Medizin. Doch werden wir jemals über ein wissendes Nichtwissen hinauskommen? Allein eine Haltung wissenden Nichtwissens könnte uns aus der Falle des Absolutheits-, des Perfektions-, ich sage: des Gotteswahns, befreien - und damit zur Humanität!

Nehmen wir also die Haltung eines wissenden Nichtwissens ein! Der Mensch wird seine Grenzen immer wieder überschreiten. Doch es wäre ein fundamentaler Irrtum, im "Fortschritt" schon seine Größe, seine Humanität festmachen zu wollen. Das ist mir wieder deutlich geworden durch den neuen Roman "Die Prozedur" des niederländischen Autors Harry Mulisch. Darin nimmt er - keineswegs im ungebrochen christlichen Verständnis - mehrfach Bezug auf den biblischen Mythos von der Erschaffung des Menschen. Er erzählt fiktiv - man achte auf den Namen! - von Viktor Werker, der als der Molekularbiologe seiner Zeit an-organischem Material eine organische Existenz gegeben, gleichsam toter Materie Leben eingehaucht hat. Auf den Nobelpreis wartend, findet er freilich keine Wege und Mittel, den vorgeburtlichen Tod seiner Tochter zu verhindern. Seine Liebe scheitert - und bald sein Leben.

An dieser Stelle mache ich einfach einen Gedankenstrich - und komme zum Schluss: Christen sind seltsame Leute, leicht ver-rückt. Sie blicken aufs Ende - sogleich schauen sie einen neuen Anfang. Schon die Bibel endet wie sie begonnen hat: mit dem Bild vom Garten, genauer: vom Neuen Jerusalem als Gartenstadt Gottes. Wer in der Johannesoffenbarung, Kapitel 22, nachliest, findet dort das Modell für das Neubaugebiet Kronsberg. Denkt nur an die Wasserläufe mit den Büschen und den Bäumen daran. Das Neue Jerusalem, die Gartenstadt Gottes, ist ja auch seit dem beginnenden Mittelalter das Urmeter der europäischen Architektur und Landschaftsgestaltung.

Wie lautet also die Botschaft? *Im Ende - der Anfang.* Selbst dann noch, wenn „Erdling" wieder zu Staub vertrocknet und unsere Galaxie verglüht. Nach dem Ende wird ein neuer Kosmos entstehen.

Und der *Baum des Lebens*? Er steht immer noch da: jenseits von Eden, aus unserer Kraft zwar unerreichbar, doch als Hoffnungszeichen leuchtet er zu uns herüber. Auch als Zeichen für unsere Menschwerdung, die geschehen ist und immer neu geschehen muss. Die Genesis ist stets auch vor uns! Ich sehe den *Baum des Lebens* im Kreuz auf Golgatha: *das* Zeichen dafür, wie Gott auch in Leid und Schuld, ja, selbst im Tod nicht verlorengeht, wer ihm im Leben gehört. Am Ende, heißt das, geht es gut aus.

Darum, Ihr Erdenstaub im Gottesglanz, lasst uns unsere ganze Kraft darangeben, wachsen zu lassen, was Menschen brauchen: Brot und Wein, Vertrauen und Verzeihen. Darum lasst uns in der Stunde des Abschieds ganz tief durchatmen - - -: Lebensatem strömt in uns hinein und aus uns heraus. Gotteshauch, kraft dessen wir einen Freudengesang anstimmen, ein Danklied, ein Bekenntnis zum dreieinigen Gott, zu Glaube, Hoffnung und Liebe. Amen.

[2]
„Auf einer Parkbank" - Predigt zu 5. Mose 30,11-20 + Johannes 3,36
Ev. Kirchenzentrum Kronsberg Hannover
6. Februar 2005 - Estomihi[1]

Liebe Gemeinde!

„Ein kleiner Junge will Gott kennenlernen. Er vermutet, der Weg ist weit. Darum packt er Schokoriegel und einen Sechserpack Limonade in sein Köfferchen - und geht los. Drei Häuserblocks weiter trifft er auf eine alte Frau. Sie döst auf einer Parkbank vor sich hin. Der Junge setzt sich neben sie und öffnet sein Köfferchen. Er

---

[1] Diese Predigt wurde in einem „Combined Service" gehalten: Mit der Partnergemeinde CHRIST THE KING in Bristol-Bradley Stoke wurde die Liturgie so vereinbart, dass in Bristol deutsche Lieder gesungen und Gebete gesprochen wurden und in Hannover englische Lieder und Gebete. Im Jahr 2005 war die Bristoler

will einen Schluck Limonade trinken. Da fällt ihm auf, wie hungrig die alte Frau aussieht, und so bietet er ihr einen Schokoriegel an. Sie nimmt ihn dankbar entgegen und lächelt ihn an. Der Junge findet ihr Lächeln entzückend. Er will es noch einmal sehen - und bietet der alten Frau auch eine Flasche Limonade an. Wieder lächelt sie ihm zu.

Sie sitzen den ganzen Tag nebeneinander - und essen und lächeln. Aber keiner von ihnen spricht ein Wort. Als es dunkel wird, steht der Junge auf und geht. Doch nach wenigen Schritten kehrt er um, rennt zu der alten Frau zurück und umarmt sie. Da schenkt sie ihm noch ein Lächeln - ihr allerschönstes.

Als der Junge zu Hause ankommt, wundert sich seine Mutter: ‚Du strahlst ja so! Was hast du heute gemacht?' Er antwortet: ‚Ich habe mit Gott zu Mittag gegessen, im Park. Stell dir vor: *Sie* ist ganz *alt*, hat aber *das schönste Lächeln* der Welt.'

Mittlerweile ist auch die alte Frau zu Hause angelangt - mit strahlenden Augen und überglücklich. So hat ihr Sohn seine Mutter noch nie gesehen. ‚Mutter', fragt er, ‚was hast du heute gemacht? Du freust dich ja so!' ‚Denk nur', antwortet sie, ‚ich habe mit Gott Schokoriegel gegessen und Limonade getrunken. Und weißt du was? *Er* ist viel *jünger*, als ich dachte, und *gibt gerne etwas ab*!'"

Diese Geschichte widerspricht der Vermutung, Gott sei weit weg von uns Menschen, unnahbar und unerreichbar. Darum hat sie etwas zu tun mit dem biblischen Text, den wir heute - auf deren Vorschlag hin - mit der Gemeinde CHRIST THE KING in Bradley Stoke bei Bristol bedenken: *Denn das Gebot, das ich dir heute gebiete, ist dir nicht zu hoch und nicht zu fern. Es ist nicht im Himmel, dass du sagen müsstest: „Wer will für uns in den Himmel fahren und es uns holen, dass wir's hören und tun?" Es ist auch nicht jenseits des Meeres, dass du sagen müsstest: „Wer will für uns über das Meer fahren und es uns holen, dass wir's hören und tun?" Denn es ist das Wort ganz nahe bei dir, in deinem Munde und in deinem Herzen, dass du es tust.*

Sie ist also uralt: die Behauptung, Gott sei unnahbar, um an Gott heranzukommen, müsse man in den Himmel emporsteigen oder in ein Land jenseits des Meeres fahren. In ein Land jenseits des Meeres - das war für ein Volk aus Wüstennomaden das Unvorstellbarste und Allerschlimmste, das war die Hölle. „Nein", sagt Mose, „ganz nah ist das Wort, ganz nah bei dir, und Gott ist in diesem Wort, in der *Weisung*, die dir mit auf den Weg gegeben ist. Sie ist in *deinem* Munde und in *deinem* Herzen, *dass du es tust.*"

Gemeinde an der Reihe, den gemeinsamen Predigttext zu bestimmen; die jeweils übersetzten Predigten wurden dann später gegenseitig zur Kenntnis gegeben. Siehe auch Predigt [3].

An welcher Wegscheide sagt Mose das? Das alte Israel befindet sich am Rand der Wüste und an der Schwelle zum gelobten Land. Der Weg aus der Knechtschaft in die Freiheit, aus dem Land Ägypten, in dem sie nur noch als Sklaven geduldet waren, ins Land der Verheißung. Dieser Weg war kein Spaziergang. Er führte durch Irrungen und Wirrungen, es gab Durststrecken und Hungersnöte, persönliche Verzweiflung und politischen Widerstand gegen Mose, Rückkehrwünsche und immer wieder mühsame Aufbrüche in die Zukunft. Und dann ein Gott, der zwar da und nah ist in unerwarteter Hilfe, der dem Volk aber den Weg durch reißende Wasser und trockene Wüsten nicht erspart. Der biblische Gott ist ein Gott der Zumutungen.

Nun hat - und das geht unserem Text voran - das Volk sich den Weg freigekämpft gegen Stämme, die es am Durchzug durch ihr Gebiet hindern wollten. Aber statt einer Siegesfeier gibt es nur einen erneuten Bundesschluss, eine Wiederholung des Bundes, den Gott schon einmal geschlossen hat mit seinem Volk, am Sinai, in den Geboten. Offenbar ist der Weg in die Freiheit zwar allemal lohnender als der Weg zurück in ein Sklavendasein, doch gerade der Weg zur Freiheit führt durch Depressionen und Krisen. Deshalb braucht das Leben in Freiheit Erinnerung, Ermahnung, Erneuerung.

Umso bestürzender, umso weniger hinnehmbar ist es, dass im Dresdner Landtag Abgeordnete einer Partei, deren Name nicht genannt zu werden verdient, das Gedenken an die Opfer des Nazi-Regimes verweigert haben. Ohne Erinnerung an vergangenes Unrecht - dass der „Tod ein Meister aus Deutschland“ ist, wie der Lyriker Paul Celan schrieb - geht verloren, was der Erneuerung unserer Gesellschaft zu Grunde liegt: Allein die Menschenwürde, das Recht, der Frieden sind die Zukunft unseres Lebens. Wer eine andere Wahl trifft, wählt Verderben und Tod.

War das nun, liebe Gemeinde, ein zu schneller Sprung über 3.500 Jahre hinweg? Das mag durchaus sein. Freilich drängt sich mir immer wieder der Vergleich zwischen der Geschichte Europas und des alten Israels Weg in die, in der Freiheit auf: Wieviel Windungen und Wendungen, wieviel Machtkämpfe und Menschenopfer hat es über die Jahrhunderte hinweg gegeben, bis Europa einigermaßen zueinander gefunden hat?! Und wieviel Zukunft, aber eben auch Mühen und Streit wird es noch geben, bis dieses Miteinander gefestigt ist?! Vor allem erschreckt mich immer wieder, wie dicht beieinander Kultur und Barbarei liegen. Und in diese geschichtliche Erfahrung hinein spricht unser Bibeltext von seiner Mitte her: *Wenn du gehorchst den Geboten des HERRN, deines Gottes, ... dass du den HERRN, deinen Gott, liebst und wandelst in seinen Wegen und seine Gebote, Gesetze und Rechte hältst, so wirst du leben... Wendet sich aber dein Herz und du ... lässt dich verführen, dass du andere Götter anbetest und ihnen dienst, so verkünde ich euch heute, dass ihr umkommen und nicht lange in dem Lande bleiben werdet...*

In diesen Worten, die Mose an sein Volk richtet, hören wir das erste Gebot: *Ich bin der HERR, dein Gott, du sollst keine anderen Götter haben neben mir.* Will Gott sich gegen Konkurrenz schützen? Das hat Gott gar nicht nötig. Aber es ist, wie alle Erfahrung zeigt, unbedingt nötig, den Menschen vor sich selbst zu schützen: dass er sich selbst zum Sinn- und Heilsproduzenten emporhebt, sich selbst als Höchstes und Letztes von allem aufführt, nach absoluter Macht strebt, am Ende *sich* zum Herrn über Leben und Tod macht. Dieser Übermensch wird - ich habe es schon oft so gesagt - zum Unmenschen. Ja, ich muss es immer wieder sagen: Um seiner selbst willen muss, auch wer nicht an Gott glaubt, sozusagen ‚die letzte Stelle im System frei lassen', besser noch: *Gott* vorbehalten. Wer nämlich alle anderen und mit ihnen sich selbst *unter* Gott erkennt, anerkennt der anderen Würde und Freiheit und erweist sich darin als würdig und frei. So wird Leben bewahrt. So kann Leben gelingen. So macht Leben Sinn.

Also ist auch darin die Weisung Gottes nicht hinter dem Mond oder jenseits des Meeres, sondern ganz nah: das Ureigene, das unmittelbar am Herzen Liegende und zu Herzen Gehende. Eben deshalb „murmeln" Juden noch heute „über dem Gesetz": sie lesen es immer wieder halblaut sich selbst vor, damit wirklich zu Herzen geht, was das eigene Herz, das eigene Sein angeht, gerade wenn der Nächste betroffen ist. Das gilt von allen Geboten. Denn im Schutz des Nächsten schütze ich mein eigenes Menschsein, und in der Ehrfurcht vor Gott halte ich inne an *der* Grenze, die mir zum eigenen Besten gesetzt ist. So verstehe ich nun, was mir erst fremd erschien: wie Mose das Volk vor die Wahl zwischen Leben und Tod stellt. Im Ja zu Gottes Weisungen ist das Leben, im Nein der Tod. Denn Gottes Weisungen dienen meinem eigenen Leben - als Leben, das leben will, inmitten von Leben, das Leben will (frei nach Albert Schweitzer).

Nun haben, liebe Gemeinde, unsere britischen Freunde einen weiteren Bibeltext ausgewählt. Von dem längeren Abschnitt aus Johannes 3 will ich aber jetzt nur auf den Vers eingehen, auf den alles hinausläuft: *Wer an den Sohn glaubt, der hat das ewige Leben. Wer aber dem Sohn nicht gehorsam ist, der wird das Leben nicht sehen...* (Johannes 3,36). Auch hier werden wir vor eine klare Alternative gestellt: das Leben oder den Tod zu wählen.

Solche Alternativen fallen mir schwer. Als Kind einer pluralistischen Gesellschaft bin ich daran gewöhnt, Dieses und Jenes zu akzeptieren, von Diesem und Jenem zu nehmen - und von allem möglichst viel. Und es gilt ja auch, keine vorschnelle und falsche Scheidung vorzunehmen, vor allem nicht zwischen Menschen. Aber Unterscheidung ist doch nötig. Sie beruht auf dem Mehr an Gottesnähe, dass uns in Jesus Christus entgegenkommt: *Das Wort ward Fleisch und wohnte unter uns...* (Johannes 1,14). Ja, Gott wurde Mensch, begegnet uns in Jesus Christus als einer von uns. Seit dieser Mensch in einem Stall geboren wurde und am Kreuz sein Leben ließ, ist Gott uns näher als wir selbst uns sind. Gott - das ist nun unser eigener Herzschlag, der Atem unserer Gebete, die Kraft unserer Hoffnung, der Impuls unseres Handelns.

Darauf beruht eine wichtige Unterscheidung. Ich bin zwar verantwortlich für mein Handeln. Aber ich muß nicht im Handeln mein Seelenheil suchen, sondern kann mich für das Menschenwohl einsetzen. Der Sinn, die Erfüllung meines Lebens - das ist Jesus Christus. Er ist der Grund christlicher Freiheit. Er ist der Grund, mit Vaclav Havel, dem tschechischen Dichter und früheren Staatspräsidenten, sagen zu können: „Hoffnung ist nicht die Überzeugung, etwas geht gut aus, sondern die Gewissheit, etwas hat Sinn, gleich wie es ausgeht." Wer in der Kraft des Glaubens so hofft und handelt, lebt und hilft zum Leben. So *hat, wer an den Sohn glaubt, das ewige Leben.* Und das ist schon ein Unterschied zu allen anderen Lebensangeboten, die von mir verlangen, meines eigenen Glückes Schmied und selbst Garant meines Lebens zu sein.

An all dieses hat der Junge, der sich aufmachte, Gott zu suchen, und mit einer alten Frau auf einer Parkbank Schokoriegel aß und Limonade trank, nicht gedacht. Aber in dieser alten Frau hat er Gott in seiner Nähe entdeckt. Dann, ja dann ist Gott für ihn eine Frau, ganz alt, aber mit dem freundlichsten Lächeln der Welt. Und für die alte Frau ist Gott ganz jung und einer, der gerne gibt. Um dieses zu erfahren und zu erkennen, mussten die Beiden auch nicht an all das denken, was wir jetzt bedacht haben. Aber es ist sicher gut, dass wir heute aus der Bibel, verbunden mit diesem Beispiel, erneut den Ruf ins richtige, wahre Leben gehört haben. Amen.

[3]
„Davids wilde Kerle" - Predigt zu 1. Samuel 30,1-25
Ev. Kirchenzentrum Kronsberg Hannover
28. Mai 2006 - Exaudi[1]

Liebe Gemeinde!

Wie David die Amalekiter verfolgt und niedermacht - das ist wahrhaftig eine wilde Geschichte. Kann eine solche Story von Raub und Rache heute noch als Geschichte des Glaubens gelesen werden? Oder wäre das so, als wollten wir die

---

[1] In diesem „Combined Service" wurde der Predigttext mit verteilten Rollen gelesen.

Raubzüge afghanischer Warlords oder der kolumbianischen Drogenmafia mit Weihwasser besprengen oder Klaus Störtebeker - subito! - selig sprechen? Geschichten des Glaubens, davon bin ich überzeugt, dürfen heute nicht mehr mit militärischer Begleitmusik untermalt werden. Wir sollten inzwischen gelernt haben, dass Gott mit menschlicher Gewalt nichts zu tun hat und haben will. Müssten wir dann aber solche Stories aus der Bibel ausscheiden? Das wäre freilich wieder so, als wollten wir Gott aus dem wirklichen Leben herausoperieren. Denn genau das wollten die Menschen, die uns die deftigsten und derbsten biblischen Geschichten hinterlassen haben: Gott im wirklichen Leben zeigen.

Manchmal kommt dieser Gott ausdrücklich in ihnen vor, manchmal verbirgt er sich, wo die Erzählungen kleine Lücken aufweisen oder mitten im Allzumenschlichen etwas wirklich Menschliches aufscheinen lassen. Visionen des Menschlichen im Allzumenschlichen, die dann etwas Göttliches mitten im ganz und gar Profanen verraten, die mitten im Heillosen etwas von Heil und Heiligkeit zu erkennen geben! Visionen einer helleren Welt mitten in den dunklen Abgründen des Daseins! Auf sie will ich besonders achten, wenn ich jetzt das vorhin Gelesene noch einmal interpretierend nacherzähle.

Im Mittelpunkt dieser wilden Geschichte steht ein wilder Mann: David: Hirtenjunge, Harfenspieler, Guerillero, König. Ein Emporkömmling - und doch zu seiner Zeit der Beste und Geschickteste. Ein Schurke - und doch ein Gesalbter. Ein Leben zwischen Wildheit und Zärtlichkeit, zwischen Herrschsucht und Demut, zwischen rücksichtslosem Begehren und hingebungsvoller Fürsorge, zwischen Kaltschnäuzigkeit und Frömmigkeit. Wer also war David? Ein Mensch - ein Mensch in seinem Widerspruch: also nichts als ein Mensch!

David war Anführer einer Truppe von Freischärlern. In dieser Lebensphase stelle ich ihn mir vor wie Ché Guevara auf dem weltbekannten Poster in den Studentenzimmern Ende der 1960er Jahre. Gerade hat er eine wichtige Einkommensquelle verloren. Die Philister haben ihn entlassen. In jungen Jahren hat der kleine David einst im Kampf gegen den Riesen Goliath diese Feinde Israels besiegt. Nach seinem Zerwürfnis mit Saul trat er in ihre Dienste. Jetzt ist er sogar bereit, mit den einstigen Feinden gegen das eigene Volk zu kämpfen. Aber die Philister wollen ihn nicht mehr: Mit einem Israeliten gegen Israel zu ziehen, könnte die Niederlage durch Verrat des falschen Freundes bringen.

Was also bleibt David? Ihm bleibt nur, sich mit seinen Leuten in seine kleine Residenz, nach *Ziklag*, zurückzuziehen. *Ziklag* aber ist nur noch ein rauchender Trümmerhaufen. *Amalek* hat diesen Ort in Schutt und Asche gelegt und alles Hab und Gut mitgehen lassen, dazu die Frauen und die Kinder; die bringen Gewinn auf dem Sklavenmarkt. Schon immer sind die Wehrlosen die Opfer, die Frauen, die Kinder! Die wilden Kerle Davids, die selbst nur Rauben und Töten gelernt haben, diese Desperados, die nur ein Gesetz: das Gesetz der Gewalt kennen, heulen sich die Seele aus dem Leib. Weinen gilt nur in unserer modernen westlichen Welt als unmännlich. Als aber alle Tränen ausgeweint sind, schlägt die Trauer um in Wut. Seine eigenen Leute geben David die Schuld: Der sie von Sieg zu Sieg geführt hat, hat sie nun zu Verlierern gemacht. Ja, so ist das: Will einer das Sagen haben, muss er auch den empörten Widerspruch in Kauf nehmen, wenn die anderen sich nichts mehr von ihm sagen lassen wollen.

Und nun ist David in großer Not: auf dem Tiefpunkt seines bisherigen Lebens! In der Tiefe aber - das weiß David, der auch Musiker, Künstler, ein sensibler Ästhet ist - in der Tiefe ist Gott. So bittet er den Priester Abjathar um einen Gottesentscheid: Soll er die Räuber verfolgen oder sich mit der Niederlage abfinden? Sich mit der Niederlage abzufinden, hieße auch: die Frauen und die Kinder einem ungewissen Schicksal preiszugeben, und irgendwann würde man sich aus einem anderen Ort neue Frauen besorgen; ein Kreislauf ohne Ende.

Nur ein kühl kalkuliertes, im Grunde leeres Ritual? Immerhin mit einem Risiko behaftet: Das Los, das der Priester nach damaligem Brauch zieht und dann kommentiert, kann auch auf „Nein" lauten. Und hatte nicht Saul in auswegloser Lage sein Heil bei einer Totenbeschwörerin gesucht, der Kontakt mit dem Totenreich ihn aber noch mehr um den Verstand gebracht? Den Unterschied zwischen dem Gott des Lebens und dem Reich der Toten - man musste ihn damals erst noch lernen. David will von vornherein dem Gott des Lebens begegnen. Und ich sollte mich weder über David erheben noch zu skrupulös sein:

Wenn es ganz ernst um mich steht und um mich selbst geht, wenn die eigene Existenz zutiefst betroffen und getroffen ist - wer könnte denn dann mein Gegenüber sein, wem anders könnte ich dann mein Leben anvertrauen als meinem Gott?! So fragwürdig ein Gottesentscheid durch Losverfahren ist - wer die David-Geschichte ganz liest, lernt einen merkwürdigen Menschen kennen, dessen tiefe Gottesbeziehung umso bemerkenswerter ist und der, obwohl in seinen Widersprüchen gefangen, eine Weisung Gottes stets ohne Widerspruch hinnimmt. So stärkt David sich in dem Herrn, weil er weiß: *Nur Gott ist meine Stärke*. Wie die meisten Menschen gelangt auch David erst in der Tiefe zu kommender Höhe.

David soll die Räuber verfolgen, er wird sie einholen und die Seinen befreien. Bitte achten Sie jetzt schon auf diese Wörter: verfolgen, einholen, befreien! Alle jagen los, 600 Mann. Aber 200 sind viel zu geschafft, um ein regenüberflutetes Wadi zu durchqueren. Sie bleiben im Basislager. Wer Ruhe braucht, soll Ruhe haben. 400

fitte Krieger reichen aus. David hat etwas Bezwingendes, gerade weil er - zumindest gegenüber den ihm Anvertrauten - wenig Zwang ausübt. Und sich als Helfer erweist, wo er gar nicht helfen müsste. Auf der anderen Seite des *Wadi Bésor* lesen seine Leute einen jungen Mann auf, einen *Ägypter*, den die *Amalekiter* einfach liegen gelassen haben. Er wird versorgt mit Brot, Wasser, leckeren Feigen sogar und feinem Rosinenkuchen. *Amalek* läßt einen kranken Sklaven krepieren, David aber handelt jetzt schon wie ein König. Denn dem Ohnmächtigen wieder auf die Beine zu helfen, vornehmlich dazu hat ein König seine Macht; das betont die Bibel immer wieder.

Und so ist es eben und was spräche auch dagegen: Durch Wohltaten gewinnt man Freunde!? Von dem jungen Mann, den David aus seinem Sklavendasein befreit, erfährt er Genaueres über die amalekitischen Schandtaten und den genauen Lagerort Amaleks. Der Trupp wiegt sich in Sicherheit, er hat für keinen Schutz gesorgt, nach dem Siegesfestgelage liegen die Betrunkenen da, wo der Rausch sie hingestreckt hat. Nun aber beginnen Davids Desperados das große Hauen und Stechen: einen Tag, eine Nacht und noch einen Tag metzeln sie die Amalekiter nieder, befreien die gefangenen Frauen und Kinder, nehmen ihre Habe wieder in Besitz und - ja, so ist es im wirklichen Leben - machen dazu eine Menge neue Beute. The winner takes it all...! *Die Beute Davids* - wird Sprichwort in Israel.

David vollbringt das Werk, das *Saul* vermasselt hatte, weil er seine Stärke bei den Toten statt im Gott des Lebens suchte! *Amalek* wird niemanden mehr bedrohen. Auch die 400 nicht, die *auf Kamelen entkamen*. Aber sollte wirklich Blut fließen? Sie erinnern sich an den Gottesentscheid: verfolgen, einholen, befreien. Kein Wort von Rache, kein Wort von Raub für Raub, kein Wort von Abschlachten. Solche kleinen sprachlichen Differenzen begegnen uns oft in der Bibel. Der winzige, aber wichtige Unterschied zwischen dem Willen Gottes und dem Machwerk von Menschen! Die Welt, die Gott will, ist immer noch eine andere als die Welt, die der Mensch sich zurechtzimmert! In dieser unscheinbaren Differenz scheint im Allzumenschlichen eine neue Menschlichkeit auf. Wo der Mensch die Grenzen überschreitet, schreitet Gott nicht gleich ein - aber der Unterschied bleibt festgestellt und festgehalten und damit die bessere Alternative. Aus der Lücke kann die Vision hervorkeimen. Nicht zuletzt wegen dieser Lücken liebe ich biblische Geschichten.

Und da geschieht es schon: Ganz langsam keimt da eine Vision des Menschlichen nach göttlicher Art. Zuerst wieder das Allzumenschliche. In bester Laune, freundlich und fürsorglich grüßt David die Geschafften, Müden, Kaputten, die Tage zuvor im Basislager diesseits des reißenden Baches *Besor* zurückgeblieben sind. Dieser - wie sie es sehen - Vorzugsbehandlung wollen die siegreich und beutebeladen

Zurückkehrenden Einhalt gebieten. Einige, doch in beachtlicher Zahl, wollen eine gleichmäßige Teilhabe an der Beute unbedingt verhindern. David erkennt, wie gerade sein starker Kerntrupp sozial ziemlich labil ist. Er weist sie zurecht und geht einen anderen Weg, den Weg wirklicher Stärke. Er gibt jedem nicht nur seine Frauen und Kinder sowie seine Habseligkeiten zurück. Er verteilt die Beute zu gleichen Anteilen. So sichert er - in schwieriger Lage - die Lebensteilhabe aller. Wie früher schon Mose in der Wüste (z. B. 4. Mose 31,27).

Ja, in David kehrt etwas von Mose zurück - und von der Erinnerung an die immer gefährdete, stets prekäre Lage in der Wüste, wo aller Besitz schnell wertlos werden, schnell verloren gehen kann. Dieser einerseits so wilde Mann ist andererseits wirklich ein Gesalbter Gottes. Man kann ihm mehr anvertrauen als einen Trupp von Freischärlern; er hat das Zeug zum Staatsmann. (Auch heute kommen nicht alle „Staatsmänner" mit lupenreiner Weste ans Ruder der Macht.) Denn David ist nicht nur für die Starken da, sondern auch für die Schwachen. Wenn durch das Verhalten der Starken die Schwachen zu kurz kommen, weist er die Starken in die Schranken. Er schafft jenen Recht, die müde und beladen sind. Und um die Schwachen für allezeit vor den Starken zu schützen, erhebt David seine Worte zum Gesetz. Wie der Anteil dessen, der in die Schlacht zieht, so der Anteil dessen, der beim Tross bleibt: So machte David es von diesem Tag an zur Satzung, also zu einer Regel für ganz Israel. Schon jetzt, da er noch gar nicht König ist. (So kann man seinen Anspruch auf eine Königswürde auch anmelden.)

Was auch immer dieser Noch-Guerillero gewesen sein mag und Bald-König noch sein wird - auf jeden Fall einer, in dessen allzumenschlichem Wesen noch eine Lücke für die Vision des Menschlichen ist. Und dazu gehört unbedingt: Alle haben soviel, wie sie brauchen. Im *Reich Amaleks* herrschen die Starken über die Schwachen. Im *Reich Gottes* empfangen, wie wir später von Jesus erfahren, die Arbeiter der 11. Stunde denselben Lohn wie die Arbeiter der 1. Stunde (Matthäus 20,1-16). Was daran als ungerecht erscheint, ist immer noch gerechter, als mit Hunger zu Bett gehen und aus Armut zugrunde gehen zu müssen.

Wichtig - zumal für uns - ist Davids Argument: Der Sieg ist nicht unser Werk, sondern Gottes Wille. Gott hat uns bewahrt und den Weg gezeigt. Im Vertrauen in Gott liegt unsere Kraft. Und das heißt ja auch: Was kann Gott noch denen geben, die alles haben? Nichts! Was hat Gott denen gegeben, die schon alles haben? Alles! Ja, im Glauben sind wir dessen gewiss, dass Gott wirklich alles - und mehr als das - gegeben hat. Dafür steht Jesus Christus ein. In IHM offenbart sich endgültig und unüberbietbar, was sich in der davidischen Vision des Menschlichen erst ankündigt und noch wie eine Utopie ausnimmt, also ganz ohne Ort in dieser Welt erscheint:

die Realität der Gnade. Nur der Gott, der alles gewährt, der nichts gleichsam als Beute für sich zurückhält, der es sich - wie der Vater Jesu Christi - sein Bestes kosten läßt, kann wirklich Gnade gewähren. Wer die David-Geschichte weiterliest, weiß: David ist der erste, der Gnade um Gnade braucht. David - der Mensch in seinem Widerspruch. David - ein Mensch wie du ein Mensch bist und ich einer bin. Und als dieser Mensch berufen von Gott. Amen.

[4]
„Er weckt mich alle Morgen" - Predigt zu Jesaja 50,4-11
(Erinnerung an Jochen Kleppers Geburtstag am 22. März 1903)
Ev. Kirchenzentrum Kronsberg Hannover
23. März 2003 - Okuli

Liebe Gemeinde!

„Er weckt mich alle Morgen...". Lied 452 in unserem Ev. Gesangbuch. Gehört ein Morgenlied in die Abendkirche, jetzt um 18 Uhr? Das Lied eines einzelnen Menschen, der sich sehr persönlich von seinem Gott in den Tag geführt weiß. Ist dafür jetzt Zeit, wo es um die Weltpolitik geht, die mit dem 2. Irak-Krieg wieder auf einem Tiefpunkt angelangt ist? Ein Lied vom frühen Tageslicht, strahlend wie am ersten Schöpfungsmorgen, wärmer als die Frühlingssonne, der wir uns dieser Tage erfreuen. Wie passt das zu brennenden Ölquellen, zu Bagdad in Flammen?

„Er weckt mich alle Morgen...". Der Dichter dieses Liedes, Jochen Klepper, wurde gestern, am 22. März, vor 100 Jahren geboren. Ihm verdanken wir 12 Lieder in unserem Gesangbuch. Ich habe Ihnen aus der Hannoverschen Allgemeinen und aus der Evangelischen Zeitung zwei Artikel über sein Leben abgedruckt und zum Mitnehmen ausgelegt.

Unter dem 12. April 1938 steht in Jochen Kleppers Tagebuch: *Alle Morgen weckt er mir das Ohr, dass ich höre, wie Jünger hören. ... Gott der HERR hat mir das Ohr geöffnet. Und ich bin nicht ungehorsam und weiche nicht zurück. ...denn ich weiß, dass ich nicht zuschanden werde. ER ist nahe, der mich gerecht spricht.* Diesen Worten folgt die Notiz: „Weicher, glänzender Tag. Meine kleinen Osterbesorgungen für Mutter, Frau und Töchter. In unserem alten Garten...blühen die Kirschbäume so schön. Ich schrieb heute ein Morgenlied über Jesaja 50..., die Worte, die mir den ganzen Tag nicht aus dem Ohr gegangen waren."

Milde Sätze in schweren Zeiten. Das Nazi-Regime hat Jochen Kleppers Roman „Der Vater" wie ein Kultbuch zunächst gefördert, schließt ihn nun aber aus der ‚Reichsschrifttumskammer' aus und sorgt dafür, dass er weder eine Anstellung noch einen Verlag findet. Er soll sich von seiner jüdischen Frau und den beiden Stieftöchtern trennen. Das Haus der Familie steht vor dem Abriss, es soll einer neuen Straße weichen. Seit einem Monat beherrscht Deutschland auch Österreich. In sechs Wochen marschieren deutsche Truppen in die Tschechei ein. In sieben Monaten, in der ‚Reichspogromnacht' am 9. November 1938, erreichen Misshandlung und Vertreibung der Juden ihren ersten Höhepunkt. Und als Rudolf Zöbeley im Jahr 1941 die Melodie zu „Er weckt mich alle Morgen..." komponiert, herrscht Krieg in ganz Europa.

So entsteht dieses Lied in Zeiten und im Zeichen äußerster Lebensgefahr, inmitten ungeheurer Spannungen und Widersprüche. Jochen Klepper ist außerstande, Widerstand zu leisten. Von Kindheit an ist seine körperliche und seelische Konstitution schwach und zerbrechlich; sein Leben lang leidet er an Schlaflosigkeit und Mattigkeit. Er hat nur das Wort. Gerade in seinem dichterischen Wort unterscheidet er sich aber grundlegend von der Flut der Unwörter, von der Sprache des Unmenschen, die damals im Schwange war.

Ein einzelner Mensch lässt sich von seinem Gott ganz individuell ansprechen und in Anspruch nehmen, statt sich der Volkstümelei, den Massenaufmärschen, dem Kommandogeschrei und einem großmäuligen Herrenmenschentum preiszugeben. Statt „Deutschland, erwache!" eben „ER weckt mich alle Morgen...". Statt im ‚Treueid' auf einen ‚Führer' die Freiheit zu verspielen, vertraut Jochen Klepper auf Gottes freien Treueschwur. Statt ‚Parteigenosse', der in blindem Gehorsam folgt, ein Jünger, der hört. Statt durch ein angemaßtes ‚Recht des Stärkeren' maßloses Unheil anzurichten, lässt er, der um sein Ungenügen weiß, sich Stärke und Recht von Gott schenken: „Hab nur in ihm Genüge, in seinem Wort mein Glück." Gerade das biblische Wort bindet, aber es entbindet die stets gefährdeten Kräfte zum eigenen Schaffen.

Jochen Klepper schreibt ein Morgenlied just zu der Zeit, als alles Humane in der Nacht organisierter Inhumanität zu versinken droht. „Er weckt mich alle Morgen..." kann man darum zu jeder Tageszeit anstimmen, ja, in gewissen Zeiten muss man es geradezu am Abend singen. Es ist kein Widerstandslied, aber in seiner Privatheit und seiner Poesie ein Widerlager gegen laute Propaganda und verlogenes Pathos.

Sicher bin ich nur einer von vielen Menschen, die in diese Tagen, obwohl sie müde sind, schlecht schlafen können. Die Bilder aus dem Irak, vor allem die mit den Nachtkameras aufgenommenen, verfolgen, verstören mich. Ich bin weit entfernt davon, Lage und Zeit Jochen Kleppers mit der heutigen Zeit und Lage zu vergleichen, geschweige denn gleich zu setzen. Doch man schläft schlecht meistens dann, wenn irgendwie die Grundfesten des Daseins ins Wanken geraten. Und das ist, so jedenfalls empfinde ich es, auch jetzt, in *dieser* Zeit der Lebensgefahr der Fall, da es im Krieg um Leben und Tod geht, da wir unsere Ohnmacht spüren, einen solchen Krieg nicht verhindern zu können, und da - auch wer „Nein" sagt zu diesem Krieg - in ihn und seine unabsehbaren langfristigen weltpolitischen Folgen hineinverflochten ist.

Dagegen befestigt und vertieft Jochen Kleppers Morgenlied eine grundlegende Lebensgewissheit: die schlechterdings unleugbare, unwiderlegbare Wahrheit nämlich, dass den Tag und sein Licht *nicht wir* hervorbringen, sondern der Tag *uns* emporgebracht *wird* und das Licht *uns* aufleuchtet. Also erschallt weiterhin aus allem Geschaffenen heraus der Ruf Gottes als Ruf zum Leben, das in Schutz zu nehmen unsere Aufgabe ist. Also können wir „Angst und Klage" dem Dunkel der Nacht überlassen. Also können wir uns annehmen, weil wir Gott genehm sind. Also haben wir in Jesus Christus einen HERRN, der für den Knecht da ist, der sich zum Knecht des Knechtes macht.

Wie kommt Jochen Klepper zu einem solchen Lebensmodell? Er hört auf das, was der Prophet Jesaja vom ›Gottesknecht‹ sagt, in dem Gott uns Menschen unverhüllt begegnet. Von ihm, der *mit den Müden zu rechter Zeit zu reden* weiß, lässt er sich ansprechen. Er imitiert ihn nicht - das könnte niemand von uns. Aber er orientiert sich an ihm, von dem es heißt: *Ich bot meinen Rücken dar denen, die mich schlugen, und meine Wangen denen, die mich rauften. Mein Angesicht verbarg ich nicht vor Schmach und Speichel. Aber Gott der HERR hilft mir, darum werde ich nicht zuschanden.* In seiner Bereitschaft, sich schlagen zu lassen statt selbst zuzuschlagen, geht es dem ›Gottesknecht‹ um die Stärkung des Rechts statt um das Recht des Stärkeren. Diese - mit Gottvertrauen verbundene - Bereitschaft zur Hingabe, wie wir sie unüberholbar bei Jesus Christus antreffen, schwächt einen Menschen nicht, sondern macht ihn mutig und stark.

Der geschundene und geschlagene ›Gottesknecht‹ fordert alle seine Gegner heraus: *Wer will mit mir rechten? Lasst uns zusammen vortreten! Wer will mein Recht anfechten? Der komme her zu mir!* Und er erhält am Ende eine Antwort aus dem Munde Gottes selbst: *Siehe, ihr alle, die ihr ein Feuer anzündet und Brandpfeile zurüstet, geht hin in die Glut des Feuers und in die Brandpfeile, die ihr angezündet habt.* Vieles könnte und müsste man sagen zu diesem Wort, das eine Menge Fragen aufwirft. Ich verstehe es heute so:

Das Recht des Stärkeren, auch wenn er Menschlichkeit und Freiheit auf seiner Seite wissen darf, schützt und fördert, sollen sie mit Gewalt durchgesetzt werden, noch kein Leben, noch keine Zukunft. Das Erdreich besitzen, sagt Jesus in der Bergpredigt, werden die *Sanftmütigen*. Weil sie ohne Waffen sind, werden diese sich am Ende auch nicht gegen sie selbst richten. Man kann es nicht oft genug sagen: Es ist leichter, einen Krieg zu gewinnen als den Frieden zu gestalten. Und die Aufgabe der Kirche, der Religionen überhaupt ist es nicht, Rechtfertigungsgründe für Gewaltanwendung zu liefern, sondern immer wieder neu den Grund für den Frieden zu legen.

„Er weckt mich alle Morgen..." - dieses Morgenlied bekommt in dieser Abendstunde einen besonderen Klang. Es weckt auf, macht uns aufmerksam auf den ›Gottesknecht‹, letztlich auf Gott selbst, der sich in Jesus Christus mitten in die Spannungen und Spaltungen unserer Menschenwelt stellt. Mit seiner ganzen Person, seinem eigenen Leben steht Jesus Christus mitten dazwischen. Sein Kreuz markiert *den* Tiefpunkt des Lebens, den tiefsten Punkt menschlicher Geschichte. Es ist das Wort vom Kreuz, „das helle strahlen (will), wie dunkel auch der Tag".

Jochen Klepper, der kein Heiliger und erst recht kein Held war, hat Zeit seines Lebens gewusst, wie sehr er dieses ›Wort vom Kreuz‹ nötig hat. Am Ende sieht er sich in einer völlig ausweglosen Lage: Die ältere Stieftochter Brigitte konnte 1939 noch nach England ausreisen. Aber im Dezember 1942 stellt sich heraus, dass er seine Frau Hanni und die jüngere Stieftochter Reni nicht vor der Deportation in ein Konzentrationslager und damit vor dem sicheren Tod schützen kann. Unentrinnbar in die Enge getrieben, gezwungen durch ein inhumanes, totalitäres Regime trifft er mit seiner Frau die einzige Entscheidung, die ihnen, so widersinnig das ist, eine Perspektive eröffnet, die bedeutet, dass sie zusammenbleiben können: freiwillig aus dem Leben zu scheiden. Am 10. Dezember schreibt er in sein Tagebuch: „Nachmittags die Verhandlung auf dem Sicherheitsdienst. Wir sterben nun - ach, auch das steht bei Gott. Wir gehen heute Nacht gemeinsam in den Tod. Über uns steht in den letzten Stunden das Bild des segnenden Christus, der um uns ringt. In dessen Anblick endet unser Leben."

So weiß auch der Glaubende oft keinen Ausweg. Aber er weiß sich gehalten. Und kann sich zeigen in unverhüllter Schwäche, in Versagen und Schuld, die Jochen Klepper bei seinem letzten Schritt zutiefst empfand. Aber schon wenn die Nacht heraufzieht, vernimmt er Gottes Ruf - und kann trösten mit einem Morgenlied: „Er weckt mich *alle* Morgen, er weckt mir selbst das Ohr. Gott hält sich nicht verborgen, führt mir den Tag empor". Amen.

[5]
„Der Schrecken Gottes" - Predigt zu Jeremia 20,7-11
Ev. Kirchenzentrum Kronsberg Hannover
11. März 2007 - Okuli

Liebe Gemeinde!

„Aus der Tiefe rufe ich zu dir..." (EG 597): Dieses neue Kirchenlied nimmt, ohne an die Wucht der biblischen Worte ganz heranzureichen, den Predigttext aus Jeremia 20 auf, den wir vorhin als Biblische Lesung gehört haben: die erschütternde Klage eines Menschen, der an einem Abgrund steht, einem Abgrund seiner Gotteserfahrung.

Das ursprüngliche Gottvertrauen Jeremias hat sich in ein abgrundtiefes Misstrauen verkehrt. Der Prophet ist am Ende, ein verwundeter und verzweifelter Mensch, ein einziger Aufschrei, eine einzige Klage:

Schon in den ersten Worten bricht es aus Jeremia heraus: all seine Enttäuschung, all sein Zorn, wie heiße Lava aus einem Vulkan: *'HERR, du hast mich überredet, und ich habe mich überreden lassen. Du bist mir zu stark gewesen und hast gewonnen; aber ich bin darüber zum Spott geworden täglich, und jedermann verlacht mich.'*

Jeremia fühlt sich betrogen, aufs Kreuz gelegt. Schon im Augenblick seiner Berufung hatte er Gott entgegengehalten (Jeremia 1,4-11): „Ich kann nicht predigen! Ich bin zu jung! Ich genieße keine Autorität! Man wird meine Worte in den Wind schlagen!" Gott aber, heißt es, habe nur SEINE Hand ausgestreckt und SEINE Worte in Jeremias Mund gelegt. Gott ist handgreiflich geworden. Darüber beschwert sich Jeremia hier noch einmal. Er fühlt sich überrumpelt.

„Du hast mich betört." So hat Luther einst übersetzt. Wie Liebe zwischen einem jungen Mädchen und einem jungen Mann entbrennt. Derselbe hebräische Wortstamm kann aber auch „vergewaltigen" heißen. In der Tat ist hier etwas Gewalttätiges im Spiel. Jeremia wird überwältigt damit, seinem Volk sagen zu müssen, was er nicht sagen will: „Wir werden weggerissen aus dem Land, das Gott uns gab." Damit wird er zum Gespött der Leute.

Darum hält Jeremia Gott vor, ER habe ihn zum Narren gemacht. Eine Narrheit ist dieser Gedanke ja auch für ihn, den Propheten: Wird Gott, der treue Gott, denn jemals seine Verheißung zurücknehmen?

Kein Prophet war so im Widerspruch zu seinem Volk und doch mit ihm so verbunden. Was er seinem Volk ansagt, wird ihm selbst zuteil. Es beantwortet seine Worte mit Hohn und Gewalt. Die Klage in Jeremia 20 - eine von fünf Klagen - folgt unmittelbar darauf, dass er in einen Block gesperrt war, an Kopf und Armen zur

Bewegungslosigkeit verurteilt, dem Spott und der Spucke der Vorübergehenden ausgesetzt. Einem Mordanschlag seiner eigenen (!) Familie war er gerade entkommen. Und bald wird man Jeremia in einen tiefen Brunnen werfen. Das sind die Antworten der Leute auf Jeremias Worte. Zu alledem geben sie ihm den Spottnamen „Schrecken": „Du kündigst Schrecken an - du selbst bist ein Schrecken!"[1]

So trifft, was er sagen muss, den Propheten selbst zuerst. Jeremia im Block, Jeremia tief im Brunnen, Jeremia in Todesangst. Jeremia: in der Gewalt seines Volkes und in der Gewalt ... seines Gottes.

In Jeremia bildet sich ab, was Menschen zu allen Zeiten einander antun und wie selbst der Gerechte leiden muss. Das fordert unser Mitgefühl heraus und unsere Tatkraft, dass solches nicht länger geschieht unter Menschen.

Die eigentliche Zumutung aber, die in Jeremias Klage sich an uns richtet, reicht viel weiter. So ungeheuerlich das Leiden Jeremias an sich schon ist, noch viel ungeheuerlicher ist:

Nicht Gottes-Ferne, sondern Gottes-Nähe hat ihn an diesen Abgrund geführt. Der Glaube selbst, sonst Quelle aller Kraft, hat alle seine Kräfte aufgezehrt. *'Des HERRN Wort ist mir zu Hohn und Spott geworden täglich.'*

Jeremia: eine wahrhaft prophetische Existenz! Selbst dieser Gottesmensch ist mit Gott nicht mehr zurechtgekommen! Gott ist ihm ... zu schwer geworden. So schwer, dass er einmal sogar aufstöhnt und seine Geburt verflucht: „Warum hat Gott mich nicht getötet im Leib meiner Mutter?" Jetzt sagt er: *'Ich will nicht mehr an IHN denken und nicht mehr in SEINEM Namen predigen.'* Jeremia: ein Gottesmensch, der Gott vergessen will!

Darin aber wird Jeremia wirklich zum Gottesmenschen: Indem dem Menschen Gottes widerfährt, was seinen Mitmenschen geschieht. Bis hinein in ihre Gottesvergessenheit bleibt er den Menschen verbunden. Ja, gerade in dieser Gottesvergessenheit hält er Gott in seinem Volk gegenwärtig. Und das geschieht auf eine bemerkenswerte Weise:

Jeremia kann nicht mehr. Doch er kann auch nicht anders. Gott ist ihm zu schwer. Doch ohne Gott ist sein Leben leer und nichtig. *'Aber es ward in meinem Herzen wie ein brennendes Feuer, in meinen Gebeinen verschlossen, dass ich's nicht ertragen konnte; ich wäre schier vergangen.'*

Das Bild vom Feuer ist ein altes Bild für die Begegnung mit dem lebendigen Gott. Denken wir nur an Mose vor dem brennenden Dornbusch. Wer einmal in der Nähe

---

[1] An dieser Stelle weise ich empfehlend hin auf Navid Kermani: Der Schrecken Gottes. Attar, Hiob und die metaphysische Revolte, München 2005

des lebendigen Gottes war, kann diese Gegenwart nicht einfach mit etwas anderem vertauschen. Gerade als Jeremia Gott los werden will, kommt er nicht von IHM los.

So wird Jeremia selber zu einer Brücke zwischen Gott und seinem Volk. Damit das Volk diese Brücke einmal wieder betreten kann - wie Israel sich in allen Wirren seiner Geschichte stets doch auf seine Erfahrung der Gottesnähe seit Abraham und Sarah, Isaak und Rebekka, Jakob und Rahel, Mose und Mirjam zurückbesonnen hat.

Damit fällt ein neues Licht auf Jeremias Ankündigung des Verderbens. Die hat nur ein einziges Ziel: das Verderben zu verhindern. Das Volk soll den Weg nicht gehen, auf den es seine Füße schon gesetzt hat. Es soll auf dem Weg Gottes bleiben. Damals konkret: Es soll als kleines Land nicht anfangen, Großmachtpolitik zu betreiben. Auf dem Weg Gottes bleibt vorerst wenigstens dieser Eine, den Gott - gegen dessen Willen - zum Propheten berufen hat.

In der Tat: Jeremia trennt sich weder von seinem Volk noch von Gott. In dem herzzerreißenden, atemberaubenden Gebet spricht er ganz von sich - aber in bekannten Worten seines Volkes. Er erfindet keine neuen Worte und Wendungen, sondern bindet sich ein in eine vorgegebene Sprache und einen gegebenen Sinn. In den Gebetsworten seines Volkes, in der geprägten Sprache der Psalmen wird ihm eine wiederum überwältigende Erfahrung zuteil: Gott hört mir zu und hält am Ende doch zu mir!

So geschieht selbst am Abgrund keine Abkehr vom Grund des Lebens. Eine neue Gotteserfahrung stellt sich ein, die uns Jeremia aber erst einmal nur in einem kurzen Vers mitteilt: *'Aber der HERR ist bei mir wie ein starker Held, darum werden meine Verfolger fallen und nicht gewinnen.'*

Deshalb auch - nicht aus Rachsucht - ist der Prophet zuversichtlich, dass seine Widersacher, zu denen auch der König in Jerusalem gehört, nicht obsiegen werden.

In all dem gibt Jeremia, ungeliebt und unerhört wie kein anderer Prophet, seinem Volk ein Beispiel, wie es seine Gottesvergessenheit überwinden kann: Es kann klagen und alles vor Gott bringen, allen Schmerz und alle Schuld. So findet es - auch in der tiefsten Stunde seiner Geschichte - zum Leben zurück. Diese Hinwendung zu Gott setzt nur Eines voraus: Dass Menschen, dass *wir* offen sagen, was uns fehlt und wo wir gefehlt haben und was uns das Leben schwer macht.

Nur zwischen den Zeilen habe ich anklingen lassen, was dieses Predigtwort für uns bedeuten könnte. Eine solche Klage, so persönlich, so erschütternd, verträgt keine unmittelbare Anwendung. Wie ich es auch ganz unanständig finde, einen Menschen beim Beten oder Weinen zu fotografieren.

Eine Einsicht drängt sich mir doch auf: Zum Glauben gehören auch Glaubenskrisen. Es gibt Zeiten und Lebenslagen, da wird Gott, da wird das ganze Leben uns immer unbegreiflicher. Auch im Glauben gibt es Brüche und Risse. Er bewahrt mich zwar *in*, aber nicht *vor* der Anfechtung. Mehr noch: Gerade im Glauben kann Gott ganz schwer werden, wie bei Jeremia: Ich kann nicht mehr. Aber ich kann auch nicht anders. Sonst zerreißt es mich erst recht.

Ja, auch der Glaube bricht immer wieder ein, stößt an seine Grenze, schlägt um in Mutlosigkeit, in Zweifel, in Verzweiflung und manchmal auch in Zorn ...

... und dir bleibt nur ein Aufschrei zu Gott. Doch gerade dann bist du nicht allein. Du hast Jeremia an deiner Seite. Und mit euch ist Jesus am Kreuz. Dort hat Jesus unsere Verlassenheit und unsere Fragen hineingesprochen in Gott. ER hört sie, ER kennt sie - aus dem Mund des Mannes am Kreuz, der mehr war als ein Prophet.

Auf ihn allein hat sich - in den Wirren und Nachwirren des Dreißigjährigen Krieges, der ein Drittel der Bevölkerung in Mitteleuropa das Leben gekostet und verheerende Verwüstungen angerichtet hat - der Liederdichter Paul Gerhardt berufen. Er wurde am 12. März 1607 geboren, also morgen vor 400 Jahren. In Gottesdiensten in der St. Johanniskirche und hier auf dem Kronsberg werden wir seiner demnächst - am 13. Mai - in besonderer Weise gedenken.

Weil Paul Gerhardt darin eine geradezu jeremianische Erfahrung aufnimmt und - über Jeremia hinaus - im Blick auf Jesus Christus zu neuem Vertrauen zurückfindet, erinnern wir heute schon an diesen großen protestantischen Liederdichter, in dem wir nach der Predigt einige Strophen aus dem Lied singen, das so beginnt:

„Ist Gott für mich, so trete gleich alles wider mich; so oft ich ruf und bete, weicht alles hinter sich. Hab ich das Haupt zum Freunde und bin geliebt bei Gott, was kann mir tun der Feinde und Widersacher Rott?" (EG 351,1)

Es gibt Zeiten, da kann und muss dieses Lied ganz kräftig und laut gesungen werden. Für heute schlage ich aber vor, es behutsam und leise zu singen, damit uns Jeremia in der Abgründigkeit seiner Gotteserfahrung nicht zu schnell aus dem Blick gerät. Und damit allzu gottes- und dann plötzlich selbstgewisse Töne nicht verhindern, die Tiefe des Trostes auch wirklich wahrzunehmen, der uns durch Jesus Christus zuteil wird. Amen.

[6]
„My Fair Lady“ - Predigt zu Jeremia 31,31-34
Ev.-luth. Marktkirche St. Georgii et Jacobi Hannover
20. Mai 2012 - Exaudi

„Es grünt so grün, wenn Spaniens Blüten blühn...“

Diese Melodie aus dem Musical „My Fair Lady“ zu hören, ausgerechnet von der großen Goll-Orgel, *liebe Gemeinde*, wird Sie jetzt überrascht haben. Doch heute ist Doolittle-Tag. Den 20. Mai proklamiert „My Fair Lady“, das Blumenmädchen Eliza Doolittle, zum Tag der Rache gegen Professor Henry Higgins: „Wart's nur ab, Henry Higgins, wart's nur ab...“. Darum haben meine Frau und ich während der Studienzeit den 20. Mai als Doolittle-Tag gefeiert: mit Freunden und Mai-Bowle, eingedenk des wunderbaren Films mit Audrey Hepburn und Rex Harrison!

„My Fair Lady“, auf das von G. B. Shaw verarbeitete „Pygmalion-Motiv“ anspielend: Eingebildeter Sprachwissenschaftler und alter Hagestolz trifft auf junge Blumenverkäuferin, die mit furchtbaren Straßenwörtern in schlechter Aussprache die Leute geradezu ‚anquatscht'. Er wettet mit seinem Freund Pickering, in kurzer Zeit aus der Göre eine ‚Lady' zu machen. Sie lässt sich darauf ein - und wird von ihm herrisch und herzlos in ein unerbittliches Sprachtraining gezwungen. Sie muss sogar sagen: „Ich weiß, wie gut Sie zu mir sind...“. Eliza ist für Higgins nur ein Experiment seiner Dressurmethoden. Der kalte Kopfmensch denkt, er brauche niemanden, alle brauchten ihn, nur ihn, um zu Kulturwesen zu werden, denen - wie ihm - der Wohlklang gewählter Worte das Erhabenste ist. Daneben kennt er nur eine Devise: „Lass kein Weib an dich heran...!“

Eliza aber spürt unter ihrem verständlichen Zorn auf Higgins dennoch Zuneigung. Durch Wut und Verzweiflung hindurch bewahrt sie ihre eigene Würde und bezwingt ihn mit ihrer tiefen Herzensbildung. Die Wende, in der auch Higgins sein Herz entdeckt, sein Herz für Eliza, zeichnet sich schon ab, als sie im Duett singen und dann tanzen: „Es grünt so grün, wenn Spaniens Blüten blühn...“.

Die Geschichte geht noch weiter, mit Rückschlägen und Verwicklungen. Jetzt aber wird es Zeit für den Predigttext für diesen Sonntag zwischen Himmelfahrt und Pfingsten. Er steht im Buch des Propheten Jeremia, Kapitel 31, dort lauten die Verse 31 bis 34:

„Siehe, es kommt die Zeit,“ spricht der HERR, *„da will ich mit dem Hause Israel und mit dem Hause Juda einen neuen Bund schließen, nicht wie der Bund gewesen ist, den ich mit ihren Vätern schloss, als ich sie bei der Hand nahm, um sie aus Ägyptenland zu führen, ein Bund, den sie nicht gehalten haben, ob ich gleich ihr* HERR *war,“ spricht der* HERR, *„sondern das soll der Bund sein, den ich mit dem Hause Israel schließen will nach dieser Zeit,“ spricht*

der HERR: „Ich will mein Gesetz in ihr Herz geben und in ihren Sinn schreiben, und sie sollen mein Volk sein, und ich will ihr Gott sein. Und es wird keiner den anderen noch ein Bruder den anderen lehren und sagen: ‚Erkenne den HERRN', sondern sie sollen mich alle erkennen, beide, klein und groß," spricht der HERR, „denn ich will ihnen ihre Missetat vergeben und ihrer Sünde nimmermehr gedenken."

Das schreibt der Prophet Jeremia im 6. Jahrhundert vor Christus an die Israeliten, die in der babylonischen Gefangenschaft *ihre Harfen an die Weiden gehängt haben und weinen,* wie es in Psalm 137 heißt. Ein NEUER BUND wäre wirklich die Rettung, neu und notwendig: für die Israeliten im Exil, für alle Eliza Doolittle's, für alle Menschen, die kalten Herzen begegnen, die von oben herab behandelt werden: Die Belehrungen und Unterweisungen hören auf. Das Gefälle von Lehrenden und Belehrten ist beseitigt. Alle Menschen - Große und Kleine, Gebildete und Ungebildete, Mächtige und Abhängige - nehmen Gottes Worte in ihre eigenen Worte, Gottes Willen in ihren eigenen Willen auf. Sie verstehen, wie Gottes Gebot keine Morallehre ist, sondern ein Lebensangebot, Lebensermöglichung und Lebensermächtigung, orientierend auf das hin, was zum Leben hilft. So kommen sie sich ganz nah, erkennen, wie ihnen im Antlitz des Anderen Gott entgegenleuchtet - und erkennen sich selbst und wie sie einander unbedingt verpflichtet sind.

...es wird keiner den anderen noch ein Bruder den anderen lehren und sagen: ‚Erkenne den HERRN', sondern sie sollen mich alle erkennen, beide, klein und groß.

Das ist nicht das Ende jeder Pädagogik, sondern ihre Neugründung in gemeinsamer Gotteserkenntnis, in der wir auf Augenhöhe einander die Welt zeigen und erklären, die Älteren den Jüngeren, die Jüngeren den Älteren, die Frauen den Männern und die Männer den Frauen. Vor allem stünde das zu Erkennende nicht mehr auf steinernen Tafeln, wie Mose Gottes Gebote auf dem Berg Sinai empfing, und würde nicht mehr als gleichsam in Stein gemeißelte Wahrheit an steinerne Herzen weitergegeben. Vielmehr geschähe etwas ganz anderes: Wir, das Volk Gottes, müssten Gottes Lebensangebot nicht mehr Buchstabe für Buchstabe, Wort für Wort, Zeile für Zeile mit den Augen entziffern, sondern läsen es als Schrift unseres Herzens. Der Inhalt der Gottesworte bleibt derselbe. Aber sie sind keine Vorschrift mehr, sondern eine Inschrift: die Inschrift unseres Herzens.

Diese Inschrift unseres Herzens zielt in beide Richtungen: auf das Vernehmen des Gotteswillens und das Hören des Menschenwortes. Hörend auf Gott hören wir aufeinander. Angesprochen von einem Du - was auch bedeutet: von ihm in Anspruch genommen - werden wir zum Ich. Und das muss immer wieder neu geschehen.

Siehe, es kommt die Zeit! Es wird eine wahrhaft gute Zeit sein! Doch wann ist sie da? Von einem Zeitpunkt, nachdem wir die Uhr stellen können, ist nirgendwo die Rede. Offenbar geht es darum, die Verheißung erst einmal und immer wieder neu zu vernehmen. Jetzt! Das hat mit der Sache selbst zu tun. Gerade der Unterschied zwischen dem immer schon Gültigen und dem immer noch Unabgegoltenen hält unser *Herz* wach. Unser *Herz* - das heißt im Hebräischen: unser lebendiges Willenszentrum, unser Wissen und Gewissen. Ja, gerade der Unterschied zwischen Verheißung und Erfüllung schärft unser Gewissen. Er macht uns wachsam und achtsam: Ist Gottes Wort und Weisung wirklich schon eine Inschrift, die aus Herzenssicht uns die Sinne öffnet für den Lebenssinn in der Gottes- und Nächstenliebe?

Besteht, liebe Gemeinde, ein Zusammenhang zwischen dem Prophetenspruch vom NEUEN BUND und unserem modernen Menschenbild? Durchaus. Denn seit gut 200 Jahren, seit der sog. „Aufklärungszeit" Ende des 18. Jahrhunderts ist eine grundlegende Erneuerung und Umbildung des Menschseins angesagt: Innen- statt Außenleitung! Selbst- statt Fremdbestimmung! Persönliche Erfahrung statt festgeschriebene Wahrheiten!

Drei Kernsätze sind dafür charakteristisch: Immanuel Kant spricht vom „bestirnten Himmel über mir und moralischen Gesetz in mir." Karl Marx will auf wirtschaftlichem Gebiet jeden Menschen als „eigenen Herrn" und niemandes Knecht sehen. Nach Sigmund Freud soll durch Aufdeckung der innerpsychischen Dynamik aus „Es" ein „Ich" werden.

Fort-Schritte auf dem Weg zur Menschwerdung wären das schon. Doch - nun nehme ich Gedanken des derzeit vielgelesenen und –diskutierten Wirtschaftsfachmanns Tomáš Sedláček aus seinem Buch „Die Ökonomie von Gut und Böse" auf - früher wurde der „Fortschritt...mehr oder weniger spirituell und innerlich betrachtet, ...heute haben wir die Idee säkularisiert und mit der äußeren Welt verbunden" - sprich: mit maximalem Wachstum, maximale Schulden und maximalen Naturverbrauch in Kauf nehmend. In dieser unwirtschaftlichen Wachstumswirtschaft gilt dann die Devise: „Du musst selber wissen, was du willst, was du tust!" Das stärkt zwar den Eigensinn, verbraucht aber den Gemeinsinn, eine ganz wichtige Ressource, ohne die weder die Wirtschaft noch die Gesellschaft noch eine Person bestehen kann! Der Markt frisst die Moral - das wussten schon die Begründer der Marktwirtschaft im 18. und 19. Jahrhundert.

Mir scheint, dieses Menschenbild des ‚homo oeconomicus', des wirtschaftenden Menschen in Reinkultur, hat die Differenz zwischen Verheißung und Erfüllung verschärft. Sind wir denn stets imstande, über das in uns selbst entdeckte Lebensgesetz nach eigenem Belieben zu verfügen? Das haben schon die eben genannten Erneuerer Kant, Marx und Freud bezweifelt. Und wie oft und grausam wurde das als Vision und Utopie Formulierte missverstanden und missbraucht als schnell erfüllbar oder in einer bestimmten Herrschafts- und Wirtschaftsform schon erfüllt! So vielen Bemühungen um Menschenbewahrung und Menschenbildung steht der reale Schrecken unfassbarer Menschenverachtung und Menschenvernichtung gegenüber! Müssen wir befürchten, dass die militärischen und ökonomischen Kämpfe der vergangenen Jahrhunderte - vor allem des 19. und 20. - im 21. Jahrhundert weitergehen, z. B. in „Klimakriegen"? Offenbar sind, wenn alles nur auf das eigene Herz gestellt ist, Überforderung und Anmaßung die Folge. Zwar haben wir durch immer neue Produkte die Wahlfreiheit beim Konsumieren und den Profit erhöht. Zugleich aber müssen wir in dieser hochkomplex gewordenen Welt eine unüberschaubare Fülle von Regeln und Gesetzmäßigkeiten beachten und derart hohe Anpassungsleistungen erbringen, dass Außendruck wie Selbstzwang ins schier Unermessliche gesteigert sind. Hat also, was Freiheit und Fortschritt genannt wird, wirklich Neues gebracht? Und ist ein „gutes" Leben wirklich leichter?

Statt einen Gott des Fortschritts verkündet Jeremia einen Gott des wirklich Neuen! Damit wir erkennen, wie nur Gott selbst unsere Gottesferne überwinden kann und will. Damit unser *Herz* wirklich brennt für die Freiheit, die erwachsen wird erst in der Verantwortung. Hören wir darum noch einmal die Verheißung *als* Verheißung. Als Prüfstein dafür, ob wir wirklich schon unsere *Herz*-Sicht gelten lassen: *„Siehe, es kommt die Zeit"*, *spricht der* HERR, *„da will ich mit dem Hause Israel und dem Hause Juda einen neuen Bund schließen...: Ich will mein Gesetz in ihr Herz geben und in ihren Sinn schreiben, und sie sollen mein Volk sein, und ich will ihr Gott sein".*

Doch worauf warten wir? Das wirklich Neue ist ja schon da! Wir erkennen es in Jesus Christus. In ihm hat sich einmal schon erfüllt, wie ein Menschenleben das Leben Gottes in sich aufnehmen kann und wie daraus Menschenliebe erwächst, unverwechselbar, unübertroffen, unüberbietbar: Gottes Gravur im Herzen eines Menschen. Dabei hat - anders als unsere neuzeitlich-modernen Versuche, unser ganzes Weltverhältnis und Selbstverständnis aus uns selbst zu begründen - Jesus Christus eben nicht alles auf sein eigenes *Herz* gestellt. Er hat in einer ganz neuen Form zur Innenleitung gefunden. Er hat Gottes Lebensleitung an sich und in sich wirken lassen. Das hat ihn von der Sorge um sich selbst zur Sorge für seine Nächsten befreit. Deshalb ist Jesus Christus für mich wirklich ein neuer, ein wirklich moderner Mensch.

Können Menschen wie die lebhafte Eliza, der strenge Professor Higgins, der ausgleichende Pickering, der verliebte, aber von Eliza verschmähte Freddy und der erwerbslose, aber als Lebenskünstler sich über Wasser haltende alte Vater Doolittle - können also auch *wir* solche Menschen werden? Die Verheißung des NEUEN BUNDES haben wir heute wieder vernommen. In ihrem Licht werden wir uns in unserer Zeit für Gewissensbildung und -bindung einsetzen. Das Gewissen ist gleichsam das Lesegerät, mit dem wir Gottes *Herz*ensschrift entziffern. Allerdings, je genauer das geschieht, desto schmerzlicher spüren wir die Kluft zwischen dem, was sein soll und auch sein könnte, und dem, was tatsächlich ist und immer wieder die Gottes- und die Nächstenliebe in ihr Gegenteil verkehrt.

An genau dieser Stelle jedoch, in dieser Kluft, in diesem Schmerz fängt Gott an mit dem wirklich Neuen: Statt uns von oben herab zu belehren, mit uns auszuhalten: am Kreuz auf Golgatha, ganz unten - und uns mitten in unseren Lebenskonflikten um Jesu Christi willen zuzusprechen: *„denn ich will ihnen ihre Missetat vergeben und ihrer Sünde nimmermehr gedenken.“* Mit anderen Worten: In Jesus Christus macht Gott selbst unser Leben zu seinem und sein Leben zu unserem Leben. Und darin kommt uns der wahre Sinn von „Himmelfahrt“ nahe: Nicht wo der Himmel ist, ist Gott, sondern wo Gott ist, ist der Himmel. Da „grünt“ dann noch viel mehr als „Spaniens Grün“. Da erklingt noch ein anderes Lied als Eliza Doolittle's „Ich hätt' getanzt heut' Nacht...“.

Mit Gottes Himmel im *Herzen* stimmen wir aufeinander ab, was in uns klingt. Unsere *Herzen* und Münder öffnen sich füreinander. Weil sich der Himmel immer tiefer in unser *Herz* senkt, je höher wir den Himmel über uns aufgehen sehen: „Der Himmel geht über allen auf, auf alle über, über allen auf.“ (EG 588) Amen.

[7]
„Die Erinnerungen sehen mich“ - Predigt zu Klagelieder 3,22-26.31+32
Ev. -luth. Neustädter Hof- und Stadtkirche St. Johannis Hannover
9. Oktober 2011 - 16. Sonntag nach Trinitatis

Liebe Gemeinde!

„Die Erinnerungen sehen *mich*“. So lautet, wie Freitag in der Hannoverschen Allgemeinen Zeitung zu lesen war, der Titel der kurzen Autobiografie des soeben gekürten Nobelpreisträgers für Literatur, Tomas Tranströmer aus Schweden.

„Die Erinnerungen sehen *mich*“. Das könnte heißen: Als das mir Zu-Innerste sind sie eine Macht in mir; nicht ich wecke sie, sondern sie wecken und rufen mich. So, denke ich, haben in unser aller Hirn und Herz unzählige Erlebnisse und Eindrücke unverlierbar ihren Platz eingenommen: Erfahrungen des Glücks - Erfahrungen des

Grauens, persönliche Erlebnisse und politische Ereignisse. Viele Menschen sind unter uns - hier und jetzt -, die noch von den Bildern des Zweiten Weltkriegs bis in die Träume hinein verfolgt werden. Auch die Jüngeren unter uns tragen vergleichbare Bilder in sich. Von den zahlreichen prägenden Ereignissen des Weltgeschehens, die mir unter die Haut gegangen sind, nenne ich jetzt nur zwei: Den Fall der Berliner Mauer einerseits, den Einsturz der Twin-Towers in New York andererseits.

Ob persönlich oder politisch, alles Geschehen wirkt sich auf einzelne Menschen aus, auf Mütter und Väter, Kinder und Geschwister, Frauen und Männer. Für sie alle gilt, was Heinrich Heine einmal gesagt hat: „Unter jedem Grabstein liegt eine Weltgeschichte." Umso mehr, wenn gar kein Grabstein errichtet werden konnte, weil Menschenleiber, wie im Holocaust, aufgingen in Rauch.

Einen politischen Hintergrund mit sehr persönlichen Folgen haben die eben schon gehörten Verse aus den Klageliedern, die dem Propheten Jeremia zugeschrieben werden. Den für heute vorgeschlagenen Predigttext lese ich jetzt noch einmal in der alten Fassung nach Luther:

Die Güte des HERRN ist's, dass wir nicht gar aus sind, seine Barmherzigkeit hat noch kein Ende, sondern sie ist alle Morgen neu, und deine Treue ist groß. Der HERR ist mein Teil, spricht meine Seele; darum will ich auf ihn hoffen. Denn der HERR ist freundlich dem, der auf ihn harrt, und dem Menschen, der nach ihm fragt. Es ist ein köstlich Ding, geduldig sein und auf die Hilfe des HERRN hoffen. Denn der HERR verstößt nicht ewig; sondern er betrübt wohl und erbarmt sich wieder nach seiner großen Güte.

So klingt es über zweieinhalb Jahrtausende hinweg zu uns herüber: ein Wort des Vertrauens gegen alle Verwüstung und Verzweiflung. Doch erst einmal beginnen die Klagelieder des Jeremia, insgesamt 5 Kapitel, mit einem Seufzer: *Ächa! Ach! Wehe!* So das erste Wort im ersten Vers des ersten Kapitels. Darum heißt dieses biblische Buch im Jüdischen auch: *Ächa! Ach! Wehe!*

Das Buch *Ächa!* hat eine ganz besondere Form: Den 22 Buchstaben des hebräischen Alphabets, dem Alef-Bet entsprechend und folgend, bestehen die Kapitel 1 und 2 aus jeweils 22 Versen, von denen beginnt jeder Vers mit dem jeweils folgenden Buchstaben aus dem Alef-Bet, vom Alef bis zum Zade. Das 3. Kapitel hat dann 66 Verse, von denen - ebenfalls der Buchstabenreihe des Alef-Bet folgend - jeweils 3 mit demselben Buchstaben anfangen: Chet, Chet, Chet (dt.: ch) - Tet, Tet, Tet (dt.: t) - Yod, Yod, Yod (dt.: j) - Kaf, Kaf, Kaf (dt.: k).[1]

1 Diese Textschreibung und -anordnung wurde der Gemeinde in einem Abdruck von Klagelieder 3,22-26 im in der Neustädter Kirche üblichen Gottesdienstbegleitheft veranschaulicht.

Hier ist also ein tief bewegendes, markerschütterndes Klagelied in ein sprachliches Gleichmaß gefasst. Soll durch diese Form das Unfassliche fassbar gemacht werden? Soll etwas geschönt werden, um nachfolgende Generationen vor der Erinnerung ihres Volkes zu verschonen?

Im Gegenteil! Das ganze Volk Israel soll für alle Zeiten sagen können: „Die Erinnerungen sehen *uns*; nicht wir wecken sie, sondern *sie* rufen *uns* wach." Beklagt wird ja, dass in den Jahren 597 und 587 vor Christus die Stadt Jerusalem und ihr Tempel zerstört und große Bevölkerungsteile nach Babylon verschleppt wurden. Damit lag der Staat Juda am Boden, in den Staub gedrückt, von toten Leibern übersät, nur noch von den Ärmsten der Armen besiedelt, ohne Hoffnung auf Wiederherstellung. Dieser Nullpunkt, diese Katastrophe ist in den Klageliedern des Jeremia in solchem Ach und Weh ausgedrückt, dass es jedem auf Erden wie im Himmel die Ohren zerreißt. Die Wildheit der Schmerzen und die Schroffheit der Klage sucht sich immer wieder neue Worte, durch das ganze Alef-Bet hindurch.

So bildet sich, wie mir scheint, noch in der wildesten Verstörung ein Ausdruck, d. h. auch eine Form. Gerade das Wildeste und Horrendeste, mit dem sich Menschen, mit dem wir uns niemals abfinden, das wir niemals fasslich und handhabbar machen dürfen und können, braucht die Fassung, die Form. Nur so kann es sich im Gedächtnis eingraben. Nur so bleibt es unvergessen. Nur so wird es auch kommenden Generationen zuinnerst. Das ist nötig. Wer nämlich die Erinnerung verliert, hat die Zukunft bereits verspielt, bevor sie begonnen hat. Das Verdrängteste wuchert sich insgeheim zum Gegenwärtigsten aus. Darum dürfen auch die Schrecken der Geschichte nicht vergessen werden.

Ein Weiteres kommt hinzu, liebe Gemeinde. Wer der Buchstabenreihe folgt, findet im Schatz der Sprache plötzlich *andere* Wörter. Inmitten der Klageworte stellen sich Hoffnungsworte ein. Plötzlich heißt es nämlich: *Die Güte des HERRN ist's, dass wir nicht gar aus sind, seine Barmherzigkeit hat noch kein Ende, sondern sie ist alle Morgen neu, und deine Treue ist groß. Der HERR ist mein Teil, spricht meine Seele; darum will ich auf ihn hoffen.* Diese Worte legen sich wie von selbst auf die Zunge dessen, der sich erinnert. Sie lassen ihn noch etwas anderes wahrnehmen als das unvorstellbare Dunkel. Sie wecken das verborgene Licht in ihm, das ihm - wie im Strahl der Morgensonne - ja *auch* zuinnerst geworden ist. Wo wir wirklich dem Unfassbaren und Unverfügbaren begegnen, wo die Wirklichkeit Gottes ganz in unser Leben tritt, finden wir uns in den Worten des Jubels wie der Trauer vor. Die Form, mit der die Erinnerung uns sieht, kann eine Bindung schaffen, die uns aus den Fesseln unserer Traumata und schlechten Träume befreit. Wie in moderner Kunst im Harmonischen wie im Disharmonischen, im Schönen wie im Schrecklichen das Unbeschreibliche, Unsagbare eine Form findet und diese Form zugleich zerbricht.

Dadurch wird es in den Klageliedern des Jeremia möglich, dass - wie in den Psalmen und in der Hiob-Dichtung - zu Ende gesprochen wird, was nicht das letzte Wort behalten darf. Der Trauerforscher Jorgos Canacakis hat an den Riten z. B. des Mani-Stammes beobachtet, wie ihr Trauern bis zur letzten Träne sie hineinverwandelt in neue Lebenskraft. Die Traurigkeit hängt uns so lange in den Kleidern, bis wir wirklich alles vor Gott ausgesprochen und das Gute wie dessen Gegenteil aus einer, SEINER Hand genommen haben! Gerade dieses Zuendesprechen ruft eine Erfahrung, ein Wort des Anfangs hervor, nach dem nicht wir greifen, sondern das uns ergreift: *...seine Barmherzigkeit ... ist alle Morgen neu.* Ja, Gottes Verlässlichkeit wird in der Zuverlässigkeit der Naturgesetze erkannt, weil nur diejenige Macht wirklich Neues bewirken kann, die das Ur-Chaos zu bannen und Welt und Leben hervorzurufen vermag.

„In der Mitte der Nacht liegt der Anfang eines neuen Tags...“, heißt es in einem neuen Lied. Wer auch immer die Klagelieder des Jeremia verfasst hat, auch in der Nacht, auch in Gottesfinsternis weiß diese Person sich vor dem Angesicht Gottes. Vorher und nachher wieder in den Klageliedern wird alles Unglück, alles Unheil, alles Verbrechen und Verderben schonungslos und uneingeschränkt zurückgeführt auf - ja, ich fasse es nicht: auf Gott. Gott selbst ist Urheber der Katastrophe, die über Israel hereingebrochen ist.

Liebe Gemeinde! Ich möchte jetzt niemanden überreden, diese Haltung zu übernehmen. Ich nehme jetzt nur erstaunt wahr: Nach biblischem Zeugnis gibt es eine Verbundenheit mit Gott, die außerstande ist, etwas außerhalb Gottes zu sehen. Das Beste, Schönste und Höchste, das Schrecklichste, Furchtbarste und Allerletzte: alles, alles hat mit Gott zu tun. Die Nacht erleben, erleiden zu müssen, heißt zugleich, auch auf den Morgen vertrauen zu können. Wer sich so - ganz und gar - in der Welt *Gottes* weiß und sich der Wirklichkeit *Gottes* aussetzt, ist keinem namenlosen Schicksal unterworfen, das weder Opfer noch Täter kennt, sondern einfach nur gleichgültig ist! Doch vor Gott haben beide einen Namen und ein Gesicht.

In diesem verbundenen Gegenüber von Mensch und Gott ist es dann offenbar auch möglich, den eigenen Anteil in all dem Geschehen zu erkennen. Denn die Babylonier haben Jerusalem niedergemacht, weil der Mini-Staat Juda, nur vermeintlich gestützt auf das große Ägypten im Westen, mit Muskeln spielte, die er gar nicht hatte - und diese nur erträumte Stärke wurde noch religiös verbrämt und aufgeputzt. Der Prophet Jeremia hat dieses Verhalten gebrandmarkt - als Ausdruck innerer Unordnung, in der niemand von Gottes Stimme wirklich Notiz nahm. In der rückhaltlosen Klage vor Gott, in dieser neuen, radikalen Hinwendung zu Gott werden die Folgen des eigenen schuldhaften Handelns erkannt - und im Kern überwunden: *Denn der HERR verstößt nicht ewig; sondern er betrübt wohl und erbarmt sich wieder nach seiner großen Güte.*

So verkommt, nicht zuletzt mit Hilfe der Form, die Erinnerung weder zum Gerede und Gejammer noch lässt sie in apathisches Schweigen versinken, die eigene Schuld leugnen oder auf Revanche sinnen.

Und so geht es weder darum, anderen dauernd ihr historisches Versagen vorzuhalten, noch darum, alles unter den Teppich zu kehren. Es geht darum, die beiden Seiten des Lebens auszuhalten, beiden das jeweilige Recht zu lassen: neben den Bildern des Schreckens auch die Bilder der öffentlich bezeugten Freude zur Geltung kommen zu lassen, z. B. vom Fall der Berliner Mauer. Es geht darum, einen Zuwachs an Kraft zuzulassen, der aus einer Macht kommt, die größer ist als wir selbst: *Es ist ein köstlich Ding, geduldig sein und auf die Hilfe des HERRN hoffen.*

Im Sinne der Bibel ist Geduld der lange Atem der Leidenschaft. Leidenschaft, die das Gute im Blick hat: das Recht, den Frieden, das Leben selbst, die Lebensrechte kommender Generationen - und deren Quelle die Güte ist:

Die Güte des HERRN ist's, dass wir nicht gar aus sind, seine Barmherzigkeit hat noch kein Ende... Der Wahrheit dieses Wortes werde ich im Letzten nur gewiss werden im Angesicht dessen, der sich für uns Menschen dahingegeben hat. In dessen Schmerz ist Gott selbst mir nahe, wird unser menschlicher Schmerz zum Schmerz Gottes. Seit Jesu Sterben und Auferstehen hat der Tod noch Macht, aber kein Recht mehr - und wir sind berufen, wo er aus Menschenhand kommt, ihm die Stirn zu bieten und nicht den Nacken.

Für Israel zeigt sich Gottes Teilnahme am Leben in der Heimkehr der Verbannten: dass sie wieder Heimat haben und ihre Tage erneuert werden, ihnen also die Zukunft offen steht, wobei die Rückkehr zu Gott der Heimkehr vorausgeht: *Bringe uns, HERR, zu dir zurück, dass wir wieder heimkommen; erneure unsre Tage wie vor alters.* So der vorletzte Vers der Klagelieder, Kapitel 5 Vers 21. Auch Kapitel 5 hat 22 Verse, von denen jeder mit einem anderen Buchstaben des Alef-Bet beginnt, aber in unregelmäßiger Reihenfolge. Diese offene Ordnung deute ich so: Es bleibt offen und muss offen bleiben, *wie* Gott das Leben erneuert. Gewiss ist nur: Die Zukunft ist in *Gottes* Hand.

Übrigens haben wir in der evangelischen Jugend diesen Vers gerne als Abendkanon gesungen. Vielleicht erinnert sich auch jemand von Ihnen daran: *haschivenu [:I] adonaj elecha, winaschuva [:I] chadesch [:I] jamenu kekädäm: Bringe uns, HERR, zu dir zurück, dass wir wieder heimkommen; erneure unsre Tage wie vor alters.* Amen.

[8]
„Kronsberg-Himmel und Himmelreich“ - Predigt zu Matthäus 4,12-17
Ev. Kirchenzentrum Kronsberg Hannover
9. Januar 2005 - 1. Sonntag nach Epiphanias[1]

Liebe Gemeinde! Liebe Hörerinnen und Hörer!

Jesus zieht um. Aus Nazareth, seiner Heimatstadt, an den See Genezareth. Aus der Vertrautheit in Familie und Beruf in die Unbehaustheit eines Lebens als Wanderprediger. Er wohnt in Kapernaum. Aber er ist ständig unterwegs, zieht mit seiner Botschaft vom "Himmelreich" von Ort zu Ort.

Was ein Umzug bedeutet, wissen die Menschen hier im Neubaugebiet Kronsberg. Einige sind allein, die meisten sind mit ihren Familien gekommen. Manche schon vor der EXPO 2000. Da gab es hier statt Straßen nur eine Schlammwüste. Viele gleich nach der EXPO. Immer noch werden Häuser gebaut, in die Menschen einziehen.

Warum ziehen Menschen um? Sie wollen es besser, schöner, ruhiger haben. Vor allem Platz für die Kinder. Noch nie wurde in Deutschland soviel umgezogen. Oft erzwingt ein Berufswechsel einen Umzug. Wer dann fern der alten Heimat eine neue Wohnung beziehen muss, will wenigstens ein schönes Zuhause haben. Mein Zuhause: mein kleines "Himmelreich". Wenn es gut geht, ist ein Ortswechsel auch ein Blickwechsel.

Jesus zieht um. Aber aus einem anderen Grund. Johannes der Täufer wurde verhaftet. Sein Ruf zur „Umkehr“ könnte des Königs Macht ins Wanken bringen, Herodes‘ zwielichtigen Lebenswandel entlarven. Deshalb wird Johannes kalt gestellt. Solcher Willkür tritt Jesus entgegen. Er springt für Johannes ein. Doch auf seine Weise. Statt in die Wüste geht er in die kleinen Orte rund ums Galiläische Meer. Johannes rief die Menschen zu sich. Jesus geht zu ihnen hin: in eine Gegend weit weg vom Heiligtum, zu Menschen, die als Randsiedler gelten. Die „Galiläer“ - das sind die „Lallenden“, die ein ungebildetes Hebräisch, einen schwer verständlichen Dialekt sprechen; die „Heiden“, deren Vorfahren sich einst mit ungläubigen Besatzern einließen; *das Volk, das in Finsternis* sitzt.

---

1 Diese Predigt sollte in einem Rundfunkgottesdienst des DLF und angeschlossener Sender gehalten werden und wurde, wie es gefordert und üblich ist, vier Wochen vor dem Sendetermin beim Ev. Rundfunkreferat eingereicht. Aufgrund des Tsunamis in Südasien am 26.12.2004 (2. Weihnachtstag) und seiner Folgen, über die in diesen Wochen mehrmals täglich in allen Medien berichtet wurde, musste jedoch kurzfristig eine neue Predigt, deren Grundlage ebenfalls Matthäus 4,12-17 war, verfasst und gehalten werden. Hier ist also eine „ungehaltene“ Predigt in ihrer ursprünglichen Fassung abgedruckt. - Siehe inzwischen das ansprechende und überzeugende Buch von Reimer Gronemeyer: [Himmel, der] (lat. caelum) - Sehnsucht nach einem verlorenen Ort, München 2012.

Zwar führt durch dieses Gebiet eine große Handelsstraße zum Mittelmeer, zwar wird Fisch aus dem See Genezareth bis nach Rom verkauft. Im Römischen Reich entstand eine globalisierte Wirtschaft. Aber wer bestimmt die Preise? Wer streicht die Gewinne ein? Nur selten diejenigen, die vor Ort sich krumm legen und deren geringes Einkommen niemals reicht zum Auskommen.

Zu solchen Menschen kommt Jesus. Mit dem „Himmelreich". Seine Botschaft an sie lautet zuerst: „Ihr habt ein Recht darauf, dass es anders wird, dass ihr nicht länger wie Menschen zweiter Klasse behandelt werdet." Es ist ein Ereignis, wie es der Prophet Jesaja beschrieb: *Das Volk, das in Finsternis saß, hat ein großes Licht gesehen; und denen, die saßen am Ort und im Schatten des Todes, ist ein Licht aufgegangen.* (Jesaja 9,1) So haben wir es Weihnachten - im Blick auf Jesu Geburt - auch gehört. „Himmelreich" ist kein geographisch lokalisierbares Gebiet. Nicht wo der "Himmel" ist, ist Gott; wo Gott ist, ist der "Himmel".

Das „Himmelreich" ereignet sich, wenn Gott uns Menschen nahe kommt. Wie Menschen in Jesus Christus vom „Himmel" berührt werden. Wie damals am Galiläischen Meer: Da nahm er den menschlich-allzumenschlichen Alltag mit hinein in seine „Gleichnisse vom Himmelreich". Da brachte er in den „Seligpreisungen" die Nähe Gottes zu den Verarmten, Verlachten und Verfolgten. Wie nach seinem Tod: Da erkannten die ersten Christinnen und Christen: Jesus hat am Kreuz Gott mit hineingezogen ins Todesdunkel, jetzt gibt es keine Finsternis, keine Verlassenheit, keine Schuld, die nicht von Gott umgriffen wäre.

Was wie ein Rückzug in eine gottverlassene Gegend aussieht, ist ein mächtiger Schritt nach vorn. Immer dann nämlich kommt die Menschheit - trotz aller Rückfälle in die Barbarei - voran, wenn denjenigen, die sich vom "Himmel" ausgeschlossen und verlassen fühlen, der "Himmel" nahe kommt. Von einem ehemaligen KZ-Häftling hörte ich den Satz: „Wer dieser Hölle entronnen ist, ist schon im Himmel. Er hat in tiefster Finsternis ein Licht gesehen...".

Das „Himmelreich" drängt auf neue Wege. In diesem Sinn fasst Matthäus Jesu Botschaft so zusammen: *Tut Buße, denn das Himmelreich ist nahe herbeigekommen.* Es kommt nicht, *weil*, sondern *damit* „Buße", „Umkehr" geschieht. Also lautet die Botschaft auch: „Wo ihr selbst in dunklen Verhältnissen gefangen seid, wo Willkür euer eigenes Verhalten bestimmt, wo Geiz, Gier und Gewalt euer Herz regieren, da habt ihr ein Recht, andere zu werden."

Liebe Gemeinde, liebe Hörerinnen und Hörer! Wir sind "Himmelsbürger"! Der "Himmel" ist so nah! Er „geht über allen auf" und „auf alle über":

▹ Chor und Gemeinde: „Der Himmel geht über allen auf..." (Kanon EG 588)

Liebe Gemeinde hier im Kronsberger Kirchenzentrum und an den Radiogeräten! Jesu Ruf zur Umkehr gibt uns Recht und Chance, andere zu werden, neue Wege zu beschreiten. Mit Blick auf ihn gibt es keinen Grund mehr, sich mit diesem Bonmot herauszureden: „Eigentlich bin ich ja ganz anders, ich komme nur so selten dazu." (nach Karl Valentin) Mit seinem Ortswechsel vollzieht Jesus selbst einen Blickwechsel. Er erblickt „Himmelsbürger" in denen, die „im Schatten des Todes" sitzen: in uns. Also können auch wir weiter sehen als wir sind. Also bedeutet „umkehren": die Chance zu ergreifen, seinen Horizont zu erweitern. Freunde des Himmels zu sein - in wirklicher Treue zur Erde!

Um einen Orts- und Blickwechsel geht es auch hier auf dem Kronsberg. Dieses neue Wohngebiet ist nach den Maßstäben der „Nachhaltigkeit" gebaut worden. Ein Versuch. Keineswegs alles schon gelungen. Aber ein Anfang. Jetzt nur zwei Beispiele: Die energiesparende Bauweise - Solarwärme, Passiv-Energie-Häuser, Häuser mit Klimazone. Der Versuch, Menschen aus verschiedenen Nationen nah beieinander wohnen zu lassen.

Eine neue Bauweise. Vielleicht eine neue Lebensweise? Jedenfalls ein Schritt, andere Wege zu gehen. Dazu gehört eine Horizonterweiterung: den Schutz der natürlichen Mitwelt und die Lebensrechte künftiger Generationen von Anfang an in den Blick, ins eigene Lebenskonzept hineinzunehmen. Das ist ein Gebot der Vernunft. Die Vernunft aber ist immer gefährdet, nur sich selbst zu sehen und alte Gleise zu befahren.

Darum braucht sie eine Grundlage, die tiefer reicht, eine Kraft, die noch unverbraucht ist: Jesu Botschaft vom „Himmelreich". Sie macht uns klar, wie sehr wir von dem leben, was uns gegeben und anvertraut, aber im Letzten unverfügbar ist. Wovon wir leben, was aber unverfügbar ist: die Luft zum Atmen, die Liebe, die uns zu Menschen macht, und die Gnade, die uns neue Anfänge schenkt, ist mit „Himmel" gemeint. In seiner Nähe zu leben, müsste Folgen haben. Zum Beispiel damit aufzuhören, die Erde immer heller erstrahlen zu lassen, selbst nachts, aber unseren Nachkommen eine Schattenwelt zu vererben, weil die Ressourcen verbraucht sind.

In Jesus Christus steht das „Himmelreich" vor der Tür - und den neuen Wegen nichts mehr im Wege.

Der Kronsberg ist die einzige Erhebung in Hannovers Südosten. Hier hat der geographische Himmel etwas besonders Erhebendes und Erhabenes. Wie wunderbar sich hier die Wolken bilden! Und wenn dann auf dem Kronsberg die Drachen steigen! Oder wenn die Sonne das bunte Lichtspiel auf unsere schlichte Altarwand wirft!

Der Himmel der Natur und der Himmel des Glaubens sind zu unterscheiden. Gleichwohl können beide aneinander erinnern. Solche Himmel gibt es auch dort, wo, Sie, liebe Hörerinnen und Hörer, wohnen.

Jesu Botschaft vom „Himmelreich", verbunden mit einem solchen „Himmelsblick", erinnert mich an den allerletzten Umzug, der auf mich zukommt. Sie lässt mich über mein kurzes Leben hinaus auf den großen Tag Gottes blicken. Dann steht Gottes Reich ganz offen: ein neuer Himmel, eine neue Erde. Dort hält Jesus Christus den Platz für uns frei. Kein Umzug mehr. Ein Zuhause. Ewige Heimat.

Weil wir so über diese Welt hinaus hoffen, hoffen wir in sie hinein. Amen.

[9]
„Credo & Credit" - Predigt zu Markus 10,17-27

Seminar des Kreises jüngerer Ehepaare der Ev.-luth. Kreuzkirche Bremerhaven

DIENEN STATT HERRSCHEN - GRUNDSÄTZE CHRISTLICHER WIRTSCHAFTSETHIK

18. November 2012 - Vorletzter Sonntag im Kirchenjahr

Liebe Freundinnen und Freunde hier im Tagungshaus Wulsbüttel!

Im Rahmen unseres Nachdenkens über die Grundsätze christlicher Wirtschaftsethik drängt sich für eine Predigt Markus 10 Verse 17 bis 27 auf. Dieser Abschnitt ist eigentlich dem 18. Sonntag nach Trinitatis zugeordnet, steht damit aber in der Nähe des heutigen Vorletzten Sonntags im Kirchenjahr, den wir auch als Volkstrauertag begehen, den kommenden Buß- und Bettag am Mittwoch und den Ewigkeitssonntag vor Augen. Das groteske Bild vom Kamel, das eher durch ein Nadelöhr kommt als ein Reicher ins Reich Gottes, ist eine Thematik, die auch uns in diesen Tagen schon beschäftigt hat. Es steht in folgendem Zusammenhang:

Und als <Jesus> sich auf den Weg machte, lief einer herbei, kniete vor ihm nieder und fragte ihn: »Guter Meister, was soll ich tun, damit ich das ewige Leben ererbe?« Aber Jesus sprach zu ihm: »Was nennst du mich gut? Niemand ist gut als Gott allein. Du kennst die Gebote: ‚Du sollst nicht töten; du sollst nicht ehebrechen; du sollst nicht stehlen; du sollst nicht falsch Zeugnis reden; du sollst niemanden berauben; ehre Vater und Mutter.«

Er aber sprach zu ihm: »Meister, das habe ich alles gehalten von meiner Jugend auf.« Und Jesus sah ihn an und gewann ihn lieb und sprach zu ihm: »Eines fehlt dir: Geh hin, verkaufe alles, was du hast und gib's den Armen, so wirst du einen Schatz im Himmel haben, und komm und folge mir nach!« Er aber wurde unmutig über das Wort und ging traurig davon; denn er hatte viele Güter.

Und Jesus sah um sich und sprach zu seinen Jüngern: »Wie schwer werden die Reichen in das Reich Gottes kommen!« Die Jünger aber entsetzten sich über seine Worte. Aber Jesus antwortete wiederum und sprach zu ihnen: »Liebe Kinder, wie schwer ist's, ins Reich Gottes zu kommen! Es ist leichter, dass ein Kamel durch ein Nadelöhr gehe, als dass ein Reicher ins Reich Gottes komme.« Sie entsetzten sich aber noch viel mehr und sprachen untereinander: »Wer kann dann selig werden?« Jesus aber sah sie an und sprach: »Bei den Menschen ist's unmöglich, aber nicht bei Gott; denn alle Dinge sind möglich bei Gott.«

„Guten Morgen, meine Damen und Herren! Ein Kaufmann, der keine Schulden macht, ist kein guter Kaufmann. Der macht nie Gewinne, kann nichts investieren, keine Arbeitsplätze schaffen, keine Steuern zahlen und wird selbst nie reich!"

Mit diesem Merksatz begrüßte uns 1961 unser Lehrer für Volks- und Betriebswirtschaft in der Kaufmännischen Lehranstalt Bremerhaven am Max-Eyth-Platz, Klasse Bank- und Industriekaufleute, ein seriöser, älterer Herr, erfahren und gewieft auch im Börsenhandel, in dem er früher einmal tätig war. Kurz vor Beginn meiner kaufmännischen Lehre im Bremerhavener Seeschiffbau war ich Mitglied der Ev. Jugend geworden. Wir wollten Jesus nachfolgen. Also lasen wir in der Bibel - auch dieses Jesus-Wort: *»Es ist leichter, dass ein Kamel durch ein Nadelöhr gehe, als dass ein Reicher ins Reich Gottes komme.«*

Auf den, der das sagte, auf diesen mittellosen Wanderprediger aus Nazareth gründen wir unsere Kirche - mehr noch: unseren Glauben, unser Heil, unsere Seligkeit. Stellt er sich mächtig quer gegen alle unsere Ideen und Ideale und das, was wir für vernünftig und angemessen, für marktwirtschaftlich und damit im Sinne der Freiheit für ethisch verantwortbar halten? Aus der Sicht ökonomischer Rationalität und Realität braucht selbst die strengste Orientierung am Gemeinwohl den wohlverstandenen Eigennutz. Nur wer Gewinne erzielt, kann Steuern zahlen, auch Kirchensteuern. Und ich kenne zahlreiche Wohlhabende, die ganz viel für die Gemeinschaft tun. Was wären wir ohne die Steuerzahler, Spender und Stifter?

„Attac" oder „Occupy Wall Street" - wäre das Jesu Devise? Immerhin trieb er die Händler und Geldwechsler aus dem Jerusalemer Tempel (Lukas 19). Doch wie sollte der Tempel ohne seine wirtschaftliche Grundlage auskommen?! Die unökonomische Handlungsweise Jesu ist nur zu verstehen aufgrund der Annahme, dass es ihm um noch mehr als um soziale Appelle und ökonomische Programme ging: um das ‚Reich Gottes', um Letztes statt Vorletztes. Umso entsetzter über Jesu Worte waren schon die, die ihrem Herrn und Meister folgten. Sie hatten ja bereits ihre Berufe, ihr Zuhause und ihre Familie, ihren Besitz aufgegeben. Jetzt, auf dem Weg mit Jesus, wussten sie weder, woher das Brot für den Tag kommen könnte, noch, wo sie ein Bett für die Nacht finden würden. Und zweimal hatte Jesus ihnen sein Leiden und seinen baldigen Tod angekündigt - und sie gebeten, sein Kreuz mitzutragen.

Wenn schon diese Menschen sich über Jesu prägnante und provokante Rede entsetzten, wie geht es uns dann heute damit? Heutzutage, wo eine Tagung der G20 und G8 auf die andere folgt und ein EU-Regierungsgipfel dem anderen, dazu die deutsch-französischen Konsultationen und die Prüfungen der ‚Troika'. Wie finden die Nationen heraus aus der Staatsschulden-, Banken- und Finanzmarktkrise? Horrende Kredit-, horrende Rendite-, horrende Bonussummen sind im Spiel: Zigmillionen, Milliarden, Billionen. Unvorstellbar! Wir haben uns weltweit in eine Lage manövriert, die ohne historisches Vorbild ist. Auch die Wirtschaftswissenschaft wirkt auf mich so ratlos wie nie. Nun, beim „Europäischen Rettungsschirm - ESFS / ESM" geht es um Schulden, aber gerade deshalb um Wohlstand und Reichtum.

Der Predigttext verlangt uns also viel ab, sehr viel. In gewisser Weise zieht er uns aus bis aufs Hemd.

Es beginnt schon damit: Der Mann, der da auf Jesus zueilt, ist ohne Namen. Der Erzähler Markus, so alle Ausleger, hat ihm keinen Namen gegeben, damit wir unsere Namen einsetzen: Euer Name, mein Name - der ist jeweils sein Name. So richtet er gleichsam an unserer Statt an Jesus die Frage, die damals am drängendsten und am häufigsten gestellt wurde: *»Guter Meister, was soll ich tun, damit ich das ewige Leben ererbe?«* Wir sprechen heute dürr und dürftig vom <Sinn des Lebens>. Doch der Mann fragt Jesus nach dem Weg zur Lebensfülle und Lebenserfüllung in dieser Zeit und über diese Zeit hinaus, zu ungeteilter, unverbrüchlicher Gottesnähe. Darum weist Jesus von sich selbst weg und auf Gott hin, weil diese nur in Gott selbst ist, er ist nur ein Wegweiser, ein Zeichen, ein Anfang: *»Was nennst du m i c h gut? Niemand ist gut als Gott allein.«* Aber an Gottes Gutsein, diese Güte gepaart mit Wahrheit, können Menschen teilhaben. In diesem Sinn zitiert Jesus aus den <Zehn Geboten>, wenngleich nur die, die sich auf den Mitmenschen beziehen. Wenn es mir um Gott geht, um Fülle und Erfüllung, dann muss es mir immer auch um meine Nächsten gehen, seien sie nah, seien sie fern, seien sie vertraut, seien sie fremd. Ohne Nächste fehlt mindestens, fehlt mehr als die Hälfte zum Ganzen. Der Blick für das, was der Nächste braucht, ist die Bedingung aller Kultur. Eine schöne Liturgie und eine tätige Diakonie gehören zusammen. Mit Luthers immer klaren, kräftigen Worten: Glaube ohne Liebe ist wie Schaum in den Ohren!

Alles das hat der Mensch, der da mit Jesus im Gespräch ist, von ... Jugend auf befolgt. Ja, liebe Freundinnen und Freunde, wir können die Gebote halten. Zu leben, ohne zu töten, ohne die Ehe zu brechen, ohne zu stehlen, ohne andere zu verleumden, ohne andere zu berauben, ist möglich - desgleichen für die alten Eltern zu sorgen, wenn sie es brauchen. Er hat's getan: der Mensch, der da vor Jesus steht! Er nimmt am Leben Gottes schon teil. Kein Wunder, wenn Jesus ihn lieb gewinnt! Der Mann und Jesus sind sich ja so nah! Es ist jetzt nur noch ein winziger Schritt hinein in den Kreis derjenigen, die Jesus nachfolgen. Vielleicht sagt er deshalb zu ihm: *»Eines fehlt dir: Geh hin, verkaufe alles, was du hast und gib's den Armen, so wirst du einen Schatz im Himmel haben, und komm und folge mir nach!«* Der Text lässt die Antwort offen. Ich vermute, in Jesu Anspruch steckt sein Zuspruch - wie jemand mir etwas zutraut, wenn jemand mir etwas zumutet. Zumal wo ich geliebt werde, verbinden sich Zutrauen und Zumutung.

Jesus erweist sich als mehr denn nur als Ethiklehrer oder gar Moralapostel. Es geht ihm um eine ganz persönliche Beziehung zu und Bindung an Gott. Die ist der eigentliche Sinn der Gebote. Sie wird erlebt und gelebt in der persönlichen Nachfolge Jesu. Ist das dem Mann dann doch zu viel, zu dicht, zu nah? Der Erzähler Markus stellt nur fest: Er aber wurde unmutig über das Wort und ging traurig davon; denn er hatte viele Güter. Offenbar hindern den nach Lebensfülle und -erfüllung Fragenden seine vielen Güter daran, sich der noch reicheren, wahrhaft erfüllenden Güte Gottes anzuvertrauen.

So gesehen aber will Jesus ihn, indem er ihm einen Schatz im Himmel verheißt und in die Nachfolge ruft, über sein Gefangensein im Handelsbilanzdenken hinausführen: Gott zu vertrauen und in diesem Vertrauen geöffneten und gewiesenen Weg zu beschreiten, führt über jedes Bilanzieren hinaus. Du musst kein Soll erfüllen, damit dein Habenkonto wächst. Von Gott her steht immer mehr auf der Habenseite als jemals auf die Sollseite gebucht werden kann. Die Handelsbilanz zwischen Gott und dir ist niemals ausgeglichen, aber sie muss es auch nicht sein.

Liebe Freundinnen und Freunde! Dieser Text trifft mich bis ins Mark: Auch ich gehöre zu denen mit den vielen Gütern. Im Vergleich mit allen meinen Vorfahren, mit allen Verwandten und im Blick auf den aktuellen Verdienst sowie die zu erwartende Altersversorgung meiner Kinder - Jens Michael lebt von Harz IV - macht meine Pastorenpension mich zu einem reichen Mann. Im Weltmaßstab gilt das ohnehin. Dazu jetzt nur zwei Zahlen: 1,4 Milliarden Menschen müssen auskommen mit weniger als 1 US-Dollar pro Tag und 2,5 Milliarden Menschen haben keinen Zugang zu sauberem Wasser. Obwohl das globale Wohlstandsniveau statistisch insgesamt gestiegen ist. Noch nie konnten so viele Menschen auf der Erde mit dem Nötigsten versorgt werden, was freilich den Skandal von Armut, Hunger, Wasser- und Bildungsmangel nicht aufhebt.

Ja, wir gehören dem Bruchteil der Erdbevölkerung und der Generation an, die unvorstellbar reich ist, die im Durchschnitt reicher ist und älter wird als alle anderen Menschen, die die vor uns gelebt haben und die jetzt mit uns leben! Werden wir damit zurechtkommen? Es gibt keine historischen Vorbilder, an denen wir uns orientieren können. Unsere Lage ist unvergleichlich, insbesondere im Blick auf das Ausmaß und die Art der abschätzbaren, vor allem der unabschätzbaren Folgen unseres Handelns. So stehen unsere Kinder vor Herausforderungen, die diejenigen weit übersteigen, vor denen unsere Eltern und wir nach 1945 zu bestehen hatten. Immerhin können wir hoffen, dass sie insgesamt bessere Mittel zu ihrer Bewältigung haben und diese auch anzuwenden verstehen. Für uns bleibt die Frage:

Womit rechtfertigen wir es, den nachfolgenden Generationen unermessliche Lasten aufzubürden, ökonomisch wie ökologisch? Jetzt nenne ich nur diese Punkte: Wer soll den riesigen Schuldenberg einmal abtragen? Und wer zaubert die 2. Erde her, die wir für unsere Müllberge brauchen? Langsam merken wir: Das Raumschiff Erde hat keinen Notausgang! Ganz abgesehen davon: Umfragen belegen, dass ab einer bestimmten Einkommenshöhe Lebenszufriedenheit und Lebensfreude stagnieren.

Bei allem Wohlstand bleibt es wahr: Ein „gutes“ Leben ist noch kein „glückliches“. Und: Nackt geboren, werde ich nackt sterben.

Mit dem Wort von den Reichen, dem Kamel und dem Nadelöhr spitzt Jesus seinen Anspruch noch einmal zu. Mit Luther bin ich der Auffassung: Jesus hat gemeint, was er gesagt hat. Will ich Jesu Worte nicht durch theologische Interpretationskünste - wie die beliebte Ausflucht, er habe das alles nur im übertragenen Sinn gemeint, das Evangelium sei nur eine ‚spirituelle', keine ‚soziale' Botschaft - entschärfen, kann *ich* jetzt nur Bitten vorbringen:

• Ich bitte Jesus darum, mit dem Menschen, der da traurig davonging, mittrauern - und auf *diese* Weise Jesus nachfolgen zu dürfen. Dabei will ich mich der Einsicht nicht verschließen: „Was kann Gott dem Menschen geben, der schon alles hat? Nichts. Was hat Gott dem Menschen gegeben, der alles hat? Alles!“ [nach Hans Weder] Diese Einsicht ist freilich grundlegend. Sie bringt eine unhintergehbare Asymmetrie ans Licht, die wir Christen in die wirtschaftsethische Debatte einzubringen verpflichtet sind: Zuerst einmal leben wir von dem, was wir vorfinden, was uns gegeben ist, von der Natur, in die wir eingebettet und deren Teil wir sind - statt von dem, was wir geschaffen haben oder schaffen! Gestalten können wir nur das Gegebene. Etwas abstrakt formuliert: Unser Menschsein ist rezeptiv. Erst unsere Rezeptivität ermöglicht uns Aktivität und Kreativität!

Zurück zu Jesus: Keineswegs hebt er Arme wegen ihrer Armut in den Himmel. Aber uns Reiche nimmt er so aus- und nachdrücklich ins Gebet, weil am allerersten das, was ich *habe*, mich von Gott abbringen kann. In diesem Sinn ist ‚Armut' als das, was ich nicht habe, ein sinnfälliges Bild. Hand aufs Herz: Luther hat doch Recht, wenn er sagt: Woran du aber dein Herz hängst, das ist eigentlich dein Gott. So geht es um das 1. Gebot, sich an keinen anderen als den einen Gott zu hängen. Geld, diese heiße Ware wird zum kalten Götzen, wenn es zum Lebenszweck wird, statt ein Hilfsmittel zu bleiben. Umso mehr muss uns die Frage beunruhigen: Ist die Rendite zur Religion geworden, nehmen die Börsenkurse die Stelle ein, über die hinaus nichts Größeres mehr gedacht werden kann? Als das, über das hinaus Größeres nicht gedacht werden kann, hat man im Mittelalter Gott verstanden und bezeichnet.

Doch seien wir vorsichtig, den Finanzmanagern einfach nur ‚Gier' vorzuwerfen. Die ist sicher - wie bei den meisten Menschen - immer auch im Spiel. Zwar nennen sich viele Wall-Street-Banker „masters of the universe". Das ist Gotteslästerung und Menschenverachtung zugleich. Aber sehr viele Mainstream-Ökonomen fühlen sich moralisch und religiös im Recht, könne nach göttlicher Ordnung und Vorsehung doch nur der Markt am Ende gerechte Verhältnisse schaffen, je unbeeinflusster, desto wirkungsvoller. Denn nur durch den Marktmechanismus werde der Knappheit aller Güter Rechnung getragen. Im Hintergrund, sehr verborgen, steht also ein Streit um das Gottesbild. Gottesbild und Menschenbild sind stets zwei Seiten einer Medaille.

Doch gerade im Streit um das Menschen- und Gottesbild wird die schon genannte Asymmetrie erkennbar, *in* der wir, ja, *von* der wir leben: dass wir von der Lebensgabe und den Lebensgaben existieren, soviel wir sie auch gestalten und umgestalten. So ist es auch mit dem Reich Gottes, dem Leben in Fülle und Erfüllung: Dieses können wir nicht erwerben, wir können es nur ererben, wir müssen für die Gottesnähe geöffnet und in sie hineingerufen werden. Insofern gibt es nur die Alternative ‚Gott oder Mammon'. Die hat Jesus für uns entschieden in den <Seligpreisungen>, in denen er die Gottesnähe zusagt denen, die nach dem Urteil ihrer Mitmenschen und nach ihrer eigenen Einschätzung am weitesten von ihr entfernt sind: die Armen, die Verlachten, Verachteten und Verfolgten, die Weinenden und

Trauernden, die Friedfertigen und die nach Gerechtigkeit Hungernden (Matthäus 5,3-10; Lukas 6,20-23).

• Sodann möchte ich Jesus sagen, dass ich mich in meinen Lebensraum gestellt weiß, von Gott gestellt weiß als Ehemann und Familienvater, als Mensch, der Sorge und Verantwortung tragen muss auch für andere, der dieses Leben als Wirtschaftsbürger als Gabe und als Aufgabe seines Schöpfers zu führen versucht, so gut es eben geht. Dann ist es freilich umso wichtiger zu wissen, dass es bei der Frage nach dem ewigen Leben, die zugleich eine nach dem Zusammenleben hier und jetzt ist, um einen Reichtum geht, den wir selbst nicht ‚generieren' können, einen Reichtum der personalen Begegnung und Zuwendung. Den aber dürfen wir erhoffen und erbitten. Ebenso garantiert weder die Fülle an Gütern noch ein gefülltes Guthaben die Fülle und Erfüllung des Lebens. Aber auch die dürfen wir erhoffen und erbitten. Und in diesem Hoffen und Bitten wählt uns Gott. Also sind wir dem Mammon nicht auf Gedeih und Verderb ausgeliefert.

• Noch mehr bitte ich Jesus darum, mich mitzunehmen auf seinem Weg des ungeteilten Gottvertrauens. Wie war das bei Jesus und den Kindern, der Begebenheit, von der Markus unmittelbar vorher erzählt? Das Reich Gottes, hat Jesus gesagt, steht denen offen, die werden wie die Kinder, die sich gleichsam spielerisch, sorglos hineinziehen lassen in die Gottesnähe. Der reiche Mann hat wahrscheinlich verlernt, so unbefangen und ganz und gar empfangend die Nähe Gottes auf sich zukommen, sich in sie hineinnehmen zu lassen. Er hat ganz viele Güter erworben und ganz viel Gutes getan, über diese Anstrengung aber das Lassen und Empfangen verlernt. Umso mehr muss er wieder lernen, dass ererben etwas anderes ist als erwerben. Was ich ererbe, kommt zu mir, ohne dass es mir zukommt. Genau das ist ‚Gnade': was kommt, ohne geschuldet zu sein.

An dieser Stelle wird - nun mache ich einen kleinen Gedankensprung - der Unterschied zwischen Religion und Ökonomie, zwischen dem Menschenbild, das von Jesus Christus, dem <homo crucifixus>, das Maß für das Menschliche empfängt und so zum <homo culturalis>, also <homo socialis> wird, und dem Menschenbild des <homo oeconomicus> deutlich: Im Glauben werden wir *ent*schuldet - das Wirtschaftsleben *ver*schuldet. Jedenfalls steht, wer beim Kalkulieren und Renditemachen versagt oder erfolglos bleibt, wie ein Beschuldigter da: mit den Schulden hat er auch noch die Schuld. Darum war der Schuldenerlass in der Sabbatökonomie nach 3. Mose 25 so wichtig. Wir haben gestern darüber gesprochen. Wie Tomáš Sedláček in seinem Buch „Die Ökonomie von Gut und Böse" mache auch ich sie zum Leitbild einer zukunftsfähigen, nachhaltigen, Freiheit und Gerechtigkeit, Nutzung und Nutzungsbegrenzung spannungsvoll miteinander verbindenden Wirtschaftsethik.

Auch und besonders im wirtschaftlichen Handeln gilt es unbedingt darauf zu achten, dass die unvermeidlichen reziproken Verhältnisse und Vorgänge nicht die für unsere Humanität noch viel grundlegenderen nicht-reziproken Gegebenheiten gleichsam erschlagen und abtöten. Das ist ja auch die Kernaussage des gestern kurz vorgestellten Buches von Michael J. Sandel aus Harvard: „Was man für Geld nicht kaufen kann - Die moralischen Grenzen des Marktes“ (dt. November 2012).

Darum übrigens steht die <Brot-Bitte> in der Mitte des „Vaterunser...“, unmittelbar gefolgt von der <Bitte um Vergebung>, weil es in ihr im weiteren Sinn um das ebenso zum Leben *not*wendige, schlicht unverzichtbare wie gefährdete und gefährliche, in Abhängigkeitsverhältnisse führende Wirtschaftshandeln geht. Dabei ist auf dem Hintergrund des in der Hebräischen Bibel - der Bibel, die Jesus kannte und zitierte und die wir Altes Testament nennen - sprachlichen und sachlichen Zusammenhangs von „Schuld“ und „Schulden“ und der Schuldenerlass-Regel - nicht nur, aber immer auch - dieses gemeint: In Schuld gerät, wer sich weigert, Schulden zu erlassen.

Insofern handelt der „Verwalter der Ungerechtigkeit“ in dem Gleichnis in Lukas 16, der den Schuldnern einen stattlichen Teil ihrer Schulden erlässt, in einer Weise, die bei uns Kopfschütteln hervorruft, im Sinne des mosaischen Gebots richtig, d. h. auch im Sinne Jesu.

Noch ein Weiteres möchte ich hervorheben: Warum erwartet Jesus diese uneingeschränkte Nachfolge, die dem fragenden Mensch aufgrund seiner vielen Güter unmöglich erscheint? Jesus möchte zeigen, dass die Hingabe die tiefste und umfassendste Antwort auf die Gabe ist, die Lebensgabe und die Lebensgaben.

Zu diesen Gedanken, vor allem zu den Bitten ermutigt mich der Evangelist Markus. Er lässt ja offen, ob dieser Mensch, an dessen Stelle wir uns sehen sollen, nicht doch eines Tages mit Jesus zieht. Jedenfalls Jesus hat sich keineswegs von ihm zurückgezogen, er hat ihn weiterhin lieb, er ist auch für ihn gestorben. Der Schriftsteller Max Brod erzählt in seinem Roman „Der Meister“, wie dieser Reiche auf Golgatha in der Nähe des Kreuzes steht. Wie deshalb auch ihm die Worte gelten: *»Vater, vergib ihnen, denn sie wissen nicht, was sie tun.«* Und: *»Morgen wirst du mit mir im Paradiese sein.«* Im Blick auf das Kreuz Jesu verwirklicht sich der Hauptsatz und die Hauptsache in unserem Predigttext: *»Bei den Menschen ist's unmöglich, aber ... alle Dinge sind möglich bei Gott.«* Mit anderen Worten: Allein Gottes Nähe im gekreuzigten Jesus kann uns, mit welchen Gaben und Gütern wir auch ausgestattet sein mögen, hineinholen in die Gottesnähe. Um das Bild einmal etwas anders zu gebrauchen:

Wir sind Kamele, die wirklich durch kein Nadelöhr passen. Dennoch steht - im Blick auf das Kreuz Jesu - die ganze Welt Gottes auch uns offen.

Das bedeutet zugleich: Es gibt auch für unser Leben hier und jetzt noch andere Maßstäbe des Menschlichen. Es gibt Alternativen, neue Wege. Nicht dass wir beginnen sollten, möglich zu machen, was nur Gott möglich ist. Eher haben wir in der Neuzeit mit Hilfe von Technik und Ökonomie möglich machen wollen, was Gott vorbehalten ist: die Erde ins Reich Gottes zu verwandeln. Darum wird uns gerade die Begrenzung auf das, was uns Menschen tatsächlich möglich ist, uns auf neue Wege bringen. Eine Wirtschaft des Genug anzuvisieren, darin stärkt uns die Hoffnung auf das Gott Mögliche.

Je mehr wir uns schon heute der neuen Welt Gottes öffnen, desto klarer wird unser Blick für das, was anders werden muss. Jetzt markiere ich nur Grundlinien:

› Im Blick auf unsere reiche Kirche heißt das, dass wir uns eine Kirche mit weitaus geringerer Finanzausstattung wenigstens sollten vorstellen können, dass wir, wie es in unseren Wirtschafts- und Sozialdenkschriften heißt, „die vorrangige Option für die Armen" immer ernster nehmen und dass wir uns daran erinnern: Zwar sollen wir nicht die Erfolglosigkeit und die Minderheitenposition suchen, aber der Kirche ist nirgendwo verheißen, es werde ihr einfach nur gut gehen.

› Im Blick auf unsere Wirtschaftsweise heißt das, immer wieder eine Balance zwischen Eigennutz und Gemeinwohl zu finden, die Generationengerechtigkeit zum entscheidenden Maßstab zu machen und eine Finanzindustrie jenseits der Realwirtschaft zu unterbinden. Sollten wir, auch wenn wir für heute andere Lösungen finden müssen, ernsthaft fragen, welchen guten Sinn Luthers Forderung hat, grundsätzlich keine Zinsen über 5 % zu erheben? Sein Hauptargument war: Wer Zinsen nimmt, handelt mit der Zukunft, die aber ist allein in Gottes Hand. Auch wenn Luther mit dieser Argumentation die Ebenen Theologie und Ökonomie kaum in rechter Weise unterscheidet, sollte meines Erachtens diese Aussage bekannter werden und bekannt bleiben.

› Luther hat Besitz befürwortet. Wie wirtschaftliches Handeln überhaupt gehört auch er, gehört auch das Geld als Zahlungsmittel zur Freiheit und Fähigkeit, die Welt zu gestalten. Aber wie der Mensch freier Herr über alle Dinge und zugleich dienstbarer Knecht aller Dinge ist, zur Freiheit also die Verantwortung und damit auch das Lassen gehört, sollen aller Besitz und alles Geld dienen statt herrschen. Luther hat oft gesagt: Was nicht im Dienst steht, steht im Raub. In diesem Sinn unterstützen könnten wir Personen und Gruppen, die alternative Wirtschaftsmodelle ausprobieren. Ich nenne nur ganz wenige von ganz vielen Beispielen: Die

Ev. Kirche in Deutschland hat kürzlich einen „Leitfaden für ethisch nachhaltige Geldanlagen" veröffentlicht. Wir haben Freitagabend von „Oiko-Credit" gehört. Im Juni diesen Jahres hat in Berlin der ‚Transformationskongress' der Kirchen, der Umweltverbände und des DGB stattgefunden. Am Buß- und Bettag in wenigen Tagen wird es in Leipzig den Kongress „Anders wachsen" geben. Der Arbeitgeberverband der Metall- und Elektroindustrie hat eine Initiative Neue Soziale Marktwirtschaft gegründet, in der es um nachhaltiges Wirtschaften geht. Die Initiativen und Kooperativen zum Fairen Handel gibt es schon seit Jahrzehnten. Und immer mehr jüngere Leute verstehen teilhaben als teilen: sie wollen nicht etwas auf Dauer nur für sich selbst besitzen, sondern es gemeinsam mit anderen je nach Bedarf gebrauchen, z. B. ein Automobil. Selbst wenn bei manchen Ansätzen eine Portion ‚Spinnerei' dabei ist: Wir brauchen solche Alternativen und Visionen!

Zum Schluss: Nachdem er unseren heutigen Predigttext gehört hatte, hat der reiche junge Mann Franz von Assisi Anfang des 13. Jahrhunderts auf allen Besitz verzichtet und sich auf eine Kutte, eine Unterhose, ein Paar Sandalen, die Bibel und ein weiteres Buch beschränkt. So fühlte er sich frei von der Angst, seinen Besitz verlieren zu können bzw. ihn krampfhaft bewahren und mehren zu müssen. An solche Menschen sei zumindest erinnert. Sie sind ver-rückt, aber keineswegs verrückter als die derzeitige Finanzwelt.

Es beschwert mich, mit dem, was ich verwirklichen kann, stets hinter dem Anspruch Jesu zurückzubleiben. Auf mich trifft Jesu drastischer Vergleich zu, eher werde ein Kamel durch ein Nadelöhr als ein Reicher ins Reich Gottes kommen. Der Riss zwischen unbedingtem, lebensförderlichem Anspruch und immer nur unvollkommener, lebensgefährdender Verwirklichung ist der Riss, der durch mich hindurchgeht. Mit Paulus am Ende von Römer 7 ausgedrückt: *Das Gute, das ich will, das tue ich nicht, aber das Böse, das ich nicht will, das tue ich.* Im Blick auf dies Zurückbleiben menschlicher Verwirklichungen hinter Jesu Anspruch muss ich mich an Luther halten: „Wenn ich nicht glauben darf, dass Gott mir um Christi willen dies täglich beweinte Zurückbleiben vergebe, so ist es aus mit mir! Ich muss verzweifeln. Aber das lass ich bleiben. Wie Judas an einen Baum hängen, das tue ich nicht. Ich hänge mich an den Hals oder Fuß Christi wie die Sünderin. ...ich halte meinen Herrn fest. Dann spricht er zum Vater: »Dieses Anhängsel muss auch durch. Es hat zwar nichts gehalten ..., ... aber es hängt sich an mich. Was will's! Ich starb auch für ihn. Lass ihn durchschlüpfen.«"

Möge das, liebe Freundinnen und Freunde, unser gemeinsamer Glaube sein!

Mögen wir mit unseren eigenen geringen Mitteln, statt zu herrschen, jederzeit dienen! Amen.

[10]
„Wie die Freude zur Welt kam“ - Predigt zu Johannes 7, 28+29
Ev.-luth. Marienkapelle Wülferode Hannover
24. Dezember 2012 - Heiligabend

Liebe Gemeinde!

Zu Weihnachten gehören die Geschichten. Die Weihnachtsgeschichte nach Lukas haben wir eben vernommen. Sie hat in allen Jahrhunderten angeregt zu einer Vielzahl anderer Geschichten, hinzuerdachter, erdichteter Texte. Die wollen erklären, was in der Bibel offen bleibt. Zum Beispiel, wie die Weihnachtsfreude zur Welt kam. Siehe, ich verkündige euch große Freude... Als der Engel diese gute Nachricht den Hirten zuruft, ist sie ja schon da, die Freude - die harten Burschen müssen sie nur hineinlassen in ihr Herz. Wer aber ist auf die Idee mit der Freude gekommen?

Genau das wollten Sie doch schon immer einmal wissen?! Dietrich Mendt hat es uns in einer erfundenen Geschichte erklärt. Diese hat meine Frau sich auserkoren zu ihrer Hauptweihnachtsgeschichte in diesem Jahr. Sie hat sie schon an viele uns befreundete Menschen weitergegeben. Sie will sie heute Abend auch in Wülferode bekanntmachen und liest sie Ihnen jetzt vor:[1]

Im Himmel war gerade eine Beratung, und das Thema der Beratung war die Ankunft des Messias auf der Erde. „Es ist soweit", sagte Gott Vater, „die Menschen haben lange genug ausgeharrt, und wir haben durch unsere Propheten die Sache schon mehrmals bekannt gegeben und versprochen, nun müssen wir endlich was tun. Über tausend Jahre warten die Menschen, das ist eine lange Zeit, wenigstens auf der Erde." Und dann überlegten Gott und die Engel, die mit ihm im Himmel wohnten, wie man das wohl machen könnte, den Messias schicken. Einer schlug vor, man solle einfach den jetzt regierenden König von Juda nehmen: „Du baust ihn um, Gott Vater, zu einem Heiligen. Denn das ist er leider noch nicht. Aber du wirst sehen, wie gut er sich macht." Andere waren mehr für einen Propheten, einer nannte sogar den Namen Johannes, der später der Täufer hieß. „Einer, mit dem sie nicht so rechnen, kann sich eher durchsetzen. Denn wenn er aus dem Hause Juda kommt, vergleichen sie ihn mit dem großen König David, und womöglich schneidet der Messias dann schlechter ab. Das schadet unserem guten Ruf im Himmel."
Gott Vater war mit keiner der vorgebrachten Ideen einverstanden. „Zu wenig Freude!", sagte er. „Zu wenig Freude! Wenn der Messias kommt, sollen sich die Leute freuen. Gleich wenn sie ihn zum ersten Mal sehen, sollen sie sich freuen. Lachen sollen sie! Und ich fürchte, sie fürchten sich, anstatt zu lachen. Wenn einer mit dem Säbel kommt. Oder mit einer Krone und einem prächtigen Purpurmantel! Mit so einem redet man doch nicht, da geniert man sich, da hat man Angst auf der Erde." Gott Vater schaute sich um. „Hier gibt's ja - mir sei Dank - so etwas nicht mehr. Kronen, Säbel und Purpurmäntel müssen sie alle unten lassen. Oder wenn er kommt, wie ein Prophet, mit einem Kamelhaarfell und wildem Bart, das macht doch keine Freude. Wie muss einer aussehen, damit man sich freut?" Der Engel Gabriel kaute an seinen Fingernägeln. Das tat er immer, wenn er scharf nachdachte, obwohl sich das auch im Himmel nicht gehört. „Vielleicht wie ein Kind?", sagte er. „Über ein Kind freut man sich immer." „Ein Kind?" Gott Vater überlegte. „Ein Kind? Natürlich, ein Kind! Habt ihr schon ein einziges Mal einen Menschen gesehen, der sich fürchtet, wenn er ein Kind sieht, einen Säugling? Ich nicht.

---

[1] Dietrich Mendt: Von der Erfindung der Weihnachtsfreude, aus: Freude im Advent. 24 Geschichten für die Adventszeit, zusammengestellt von Volker Bauch, Benno-Verlag Leipzig 2012, S. 41-43 (abgedruckt mit freundlicher Erlaubnis der Rechteinhaberin Ev. Verlagsanstalt Leipzig).

Das gibt's auf der ganzen Erde nicht und im Himmel erst recht nicht. Ein Kind macht immer Freude ... wenigstens, wenn es noch klein ist."
Alle waren von der Idee überwältigt, ja, ein Kind musste es sein. Aber wer sollte das Kind spielen? Sollte es das Kind eines Rabbis sein oder eines Propheten? Das Kind würde erwachsen, daran musste man denken. Und es sollte doch ein tüchtiger Erwachsener werden. Wer weiß, was ihm bevorstehen würde. Alle dachten angestrengt nach: „Wer spielt das Kind?"
„Ich", sagte Gott Vater. Beinahe hätte es im Himmel einen richtigen Aufstand gegeben: „Du? Das geht doch nicht", sagte der eine. „Ein richtiger Mensch? Gott als Kind? Da lachen ja die Menschen."
„Sie sollen doch lachen", sagte Gott Vater. „Natürlich, lachen sollen sie!"
„Aber sie sollen doch Gott nicht auslachen! Das ist doch ganz was anderes."
Gott Vater lächelte: „Vielleicht nicht. Ist es nicht besser, alle lachen, wenn sie mich sehen, auch wenn ein paar darunter sind, die mich auslachen?"
„Und der Himmel? Der soll wohl leer stehen?"
„Ja", sagte Gott Vater.
„Und wenn etwas schief geht, unten auf der Erde?"
„Es geht schief, aber das versteht ihr jetzt noch nicht. Jedenfalls fängt es mit Freude an und nicht mit Furcht, und am Ende, am Ende wird wieder Freude sein, und sie wird bleiben!"

Liebe Gemeinde, nun wissen wir, wie die Weihnachtsfreude zur Welt kam. Die Geschichte kann uns hinführen zu dem Predigttext, der nach kirchlicher Ordnung für Heiligabend 2012 vorgesehen ist. Hier geht es um Jesus als inzwischen erwachsenen Mann. Im Evangelium nach Johannes, in Kapitel 7, Verse 28 und 29, heißt es: *Da rief Jesus, der im Tempel lehrte: »Ihr kennt mich und wisst, woher ich bin. Aber nicht von mir selbst aus bin ich gekommen, sondern es ist ein Wahrhaftiger, der mich gesandt hat, den ihr nicht kennt. Ich aber kenne ihn; denn ich bin von ihm, und er hat mich gesandt.«*

Worin liegt die Pointe dieser Aussage? Im biblischen Sinn bedeutet jemanden zu kennen, mit ihm eins zu sein, ihn gleichsam zu verkörpern, zu vergegenwärtigen. Eben das ist die Pointe der Geschichte von Dietrich Mendt: Gott ist das Kind - das Kind ist Gott.

Was hätten Sie, wären Sie bei der erdachten himmlischen Beratung dabei gewesen, auf die göttliche Idee geantwortet: „Ich selbst werde das Kind sein!"? Gott als Kind? Wer in einem Viehstall geboren wird, wer in einer Futterkrippe, aus der Ochs und Esel fressen, seine erste Nacht verbringt, wer in die Windeln ...? Zu Recht befürchten Dietrich Mendts Engel das Gespött der Leute.

Insofern nehmen sie vorweg, was Jesus entgegen gehalten wird, als er auf dem «Laubhüttenfest» in Jerusalem im Tempel das Wort ergreift. Seine Kritiker bestreiten keineswegs, er sei der Zimmermannssohn aus Nazareth. In dieser Hinsicht wissen sie genau, woher er stammt! Aber dass in ihm sich der wahre Gott verkörpert, vergegenwärtigt - das können und wollen sie nicht wahrhaben, für diesen Anspruch wollen sie ihn aus der Welt schaffen.

Der erhabene Gott in einem verletzlichen Menschen, in diesem Menschen Jesus? Genau das sagt der Evangelist Johannes in Worten, die wir am 1. Tag des Christfestes als die charakteristische johanneische Weihnachtsbotschaft hören können: *Und das Wort ward Fleisch und wohnte unter uns...* (Johannes 1,14). Das flüchtige Wort wird fester Körper, der schwebende Geist lebensvoller Leib. Den anderen monotheistischen Religionen zufolge ist dann Gott nicht mehr der, der alles beherrscht und bestimmt, also kein Gott. Und in der modernen Philosophie wird, von neueren Ausnahmen abgesehen, der Gottesgedanke für eine Beleidigung der Vernunft und Beschädigung der Humanität gehalten.

Was wünsche ich mir zu Weihnachten? Weihnachtsfreude im Kreis der Familie, der Freunde und der Gemeinde: Geborgenheit und Wohligkeit, Lieder, Lichter, Geschenke. Dieses ganze wunderbare Weihnachten, diese kleine Seligkeit „alle Jahre wieder" muss einfach sein und darf einfach sein. Weihnachten, so irdisch dieses Fest ist, ist für mich ein kleines Zeichen, dass das, was ist, nicht alles ist. Dass mitten im Alltäglichen etwas Nichtalltägliches aufscheint: ein tiefer Grund hinter, unter und in allen guten Gründen, mit denen ich mein Leben zu sortieren und mich zu orientieren versuche. Er ist ausgedrückt in diesem einfachen, einfach menschlichen Satz in Lukas 2 Vers 7: *Und sie gebar ihren ersten Sohn und wickelte ihn in Windeln und legte ihn in eine Krippe, denn sie hatten sonst keinen Raum in der Herberge.*

In seiner Schlichtheit und Unmittelbarkeit spricht mich dieser Satz in einer Weise an, die auch all *meine* religiösen und philosophischen Vorstellungen übersteigt. An Jesu unüberbietbarer Lebenshingabe von der Krippe bis zum Kreuz, in all den Bruchlinien der Erfahrung von Glück und Missgeschick, Gelingen und Misslingen, Lust und Last geht mir ein Licht auf, ein Licht vor aller Ratio und Religio, über alle Vernunft und allen Sinn hinaus. Ich glaube, weil ich ihm, Jesus, seinen Gott glauben kann!

Das heißt zugleich: Wer sich auf das Kind in der Krippe einlässt, lässt sich mit Gott ein. Und dann kannst du dir die Finger mehr verbrennen als an einer Kerzenflamme - ach, was sage ich, am Feuer eines Hochofens. An dem Gott, der mir im Antlitz des Anderen, zumal eines Kindes in mein Leben einfällt und mich unbedingt in Anspruch nimmt. Der Glaube ist mehr als eine „nützliche Illusion", wie in der aktuellen Ausgabe des SPIEGEL zu lesen ist. Denn er zerstört alle Illusionen von Macht und Vollkommenheit. Und glaubend leide ich doch erst recht an Gott, muss ich seine Unbegreiflichkeit doch erst recht aushalten! Gott kann dich bis ins tiefste Mark erschüttern, dir die Maske vom Gesicht und die Kleider vom Leib reißen! Er zeigt mir, wie ich wirklich bin. Nämlich wie der, dessen Geburtstag uns heute hier zusammengeführt hat: *Und sie...wickelte ihn in Windeln und legte ihn in eine Krippe....*

Der ist aber auch wie ich. Der kennt das Leben, weil er auch das Leiden kennt. Sein Leben war kein Glücksweg. Ja, Gott ist bereit, sich verlachen, auslachen zu lassen.

Ich sage es immer wieder: Seine Menschlichkeit ist die Hoheit des Gottes, den wir Christen kennen.

An ihm zerschellt die eiserne Marktlogik: *Wen da dürstet, der komme zu mir und trinke!* (Johannes 7,37b) Gemeint ist: Umsonst! So Jesus beim «Laubhüttenfest» im Jerusalemer Tempel, der vom Bethaus zur Börse geworden war. Jesus schon entlarvt als gemeingefährlich eine Logik wie die, mit der die US-Waffenindustrie ihren Umsatz steigern will. Doch wenn alle Waffen haben, kann niemand mehr vor dem Anderen sicher sein. Das ist Krieg aller gegen alle! Und wenn nur ‚die Guten' Waffen haben sollen, muss irgendjemand die ‚Guten' von den ‚Bösen' trennen. Damit wird der Mensch, der immer beides ist, völlig verkannt. Und es führt nur zu einer Diktatur derer, die sich für die ‚Guten' halten, über alle anderen, also zu einem Mehr an Intoleranz und letztlich Gewalt. Von alledem haben wir schon mehr als genug.

Wer sich auf das Kind in der Krippe einlässt, auf Jesus Christus, lässt sich auch ein auf Glauben, Hoffen, Lieben. Dabei ist Jesus Christus mehr als ein ‚guter Mensch'. Er ist der Einbruch der Liebe selbst in unser Leben, der Durchbruch eines Mutes zum Sein, der auch Furcht und Zittern aushält. *Fürchtet euch nicht!* - ruft der Engel bei Lukas. Johannes formt diese Botschaft um zu Worten Jesu: *In der Welt habt ihr Angst, aber seid getrost, ich (Jesus) habe die Welt überwunden.* (Johannes 16,33)

Ist der Glaube also das beste »coping«, die bessere »Resilienz«: ein Fundus für die stärksten Lebens- und Widerstandskräfte? So deutet und empfiehlt ihn die moderne Religionsforschung. Könnte das eine Instrumentalisierung des Glaubens bedeuten? Der würde ich widersprechen. Um der Weihnachtsfreude willen. Denn sie ist ja gerade das, was keiner Berechnung und Verzweckung folgt. Vernehme ich nämlich die Weihnachtsbotschaft, stellt sich bei mir gleichsam durch mein Nichtkennen, Nichtverstehen Gottes, ja selbst durch Zeiten des Nichtglaubens hindurch eine eigentümliche Freude ein, eine Freude, die Gnade ist, umsonst und tief in mir drin: eine Liebe, die mich durch liebe Menschen liebt; ein mir verborgenes Leben, kraft dessen ich doch lebe; Wahrheit, die durch kein Wissen erfasst werden kann; Glück, das mehr ist als Glücklichsein; Geben, das Verzicht, aber kein Verlust, sondern Freude ist; die Einsicht, dass das Gegenteil meiner Wahrheit auch eine tiefe Wahrheit sein kann... Mir fehlen die Worte. Doch Lukas leiht sie mir: *...und das habt zum Zeichen: Ihr werdet finden das Kind in Windeln gewickelt und in einer Krippe liegen.* (Lukas 2,12)

Es geht, liebe Gemeinde, um DIE VERTEIDIGUNG DES MENSCHEN. So Jan Roß, kein Theologe, sondern politischer Redakteur bei der ZEIT, in seinem jüngst erschienenen gleichnamigen Buch. Seine Worte frei verwendend, nehme ich einen seiner Hauptgedanken auf:[1] Auch wer mit einer Gottesidee wenig anfangen kann, stellt sich Gott vor als überstarken, makellosen Schützer von Recht und Ordnung fürs ganze Universum. Dagegen stehen Krippe und Kreuz für das Unvollkommene und Unwillkommene. Christus steht für einen Alternativentwurf zu den antiken Göttern des Glücks und den modernen Göttern für die Glücklichen. Er stellt die Werte des Macht-, Erfolgs- und Wellnessmenschentums in Frage, und wenn solche Werte natürlich sind, dann ist das Christentum unnatürlich. Nur ist dieses Unnatürliche zugleich das Humane. Denn Krippe und Kreuz stehen für die Bereitschaft, das Unzulängliche, das untröstlich Ungetröstete, das Versehrte auszuhalten, statt sich dem gegenwärtigen Glücksterror zu unterwerfen. So stehen die christlichen Symbole für ein Bild vom Menschen, das kostbar und bedroht ist.

Ein bemerkenswerter, beachtenswerter Hauptgedanke des - wie gesagt - Journalisten Jan Roß in seiner VERTEIDIGUNG DES MENSCHEN. In seinem Sinn schließe ich mit Blick auf die Eingangsgeschichte: Es war die beste Idee seit Schöpfungsbeginn, als auf die Frage, wer das Kind sein sollte, Gott selbst gesagt hat: „Ich“ - und so die Weihnachtsfreude schuf, die mehr als Glück ist und heute ganz *unsere* Freude sein will. Ja, wie ich Euch zu diesem Heiligabend in dieser Wülferoder Kapelle sehe, traue ich mich, noch mehr zu sagen: Die heute ganz unsere Freude *ist*! Amen.

[11]
„Die Magdalenen-Sekunde“ - Predigt zu Johannes 20,11-18
Ev.-luth. Kreuzkirche Bremerhaven[2]
7. April 2013 - Quasimodogeniti

Liebe Gemeinde, Freundinnen und Freunde!

Heute ist der 1. Sonntag in der Osterzeit: „Quasimodogeniti“ - „Wie die neugeborenen Kinder...“. Ostern geht bekanntlich bis Himmelfahrt. Also grüße ich Sie und Euch zur Osterzeit 2013 mit dem österlichen Weckruf der frühen Christenheit aus Epheser 5 Vers 14: *Wach auf, der du schläfst, und steh auf von den Toten, so wird*

[1] Paraphrase zu Jan Roß: Die Verteidigung des Menschen. Warum wir Gott brauchen, Reinbek 2012

[2] In meiner Heimatstadt Bremerhaven hatte ich von 1976 bis 1983 an der Kreuzkirche in Bremerhaven-Mitte meine erste Pfarrstelle inne. In etwas anderer Form wurde diese Predigt am Morgen des Ostersonntags (31.03.2013) zunächst in der Ev.-luth. Marienkapelle Wülferode und dann in der Ev.-luth. Neustädter Hof- und Stadtkirche St. Johannis in Hannover gehalten. Sie darf gerne verstanden werden als so etwas wie mein Vermächtnis, wenn das nicht zu hoch gegriffen ist.

dich Christus erleuchten! Amen. Dazu wünsche ich uns allen ganz viele ›Magdalenen-Sekunden‹, zu Ostern und über diese Osterzeit hinaus.

Was das ist - eine ›Magdalenen-Sekunde‹? Zunächst rufe ich eine Alltagserfahrung wach: Auf der Straße begegnet mir ein Mensch. Aber ich gehe an ihm vorbei, weil er mir unbekannt scheint. Da ruft er meinen Namen. Ich drehe mich um. „Ach, Du bist es!“ „Ach, Sie sind es!“ Wir kennen einander schon lange, sind vielleicht sogar gut miteinander vertraut. An diese Alltagserfahrung hat mich Maria Magdalena erinnert, von der in einer der Biblischen Lesungen für das Osterfest in Johannes 20 Verse 11 bis 18 erzählt wird:

Maria aber stand draußen vor dem Grab und weinte. Als sie nun weinte, schaute sie in das Grab und sieht zwei Engel in weißen Gewändern sitzen, einen zu Häupten und den andern zu den Füßen, wo sie den Leichnam Jesu hingelegt hatten. Und die sprachen zu ihr: „Frau, was weinst du?“ Sie spricht zu ihnen: „Sie haben meinen Herrn weggenommen, und ich weiß nicht, wo sie ihn hingelegt haben.“ Und als sie das sagte, wandte sie sich um und sieht Jesus stehen und weiß nicht, dass es Jesus ist. Spricht Jesus zu ihr: „Frau, was weinst du? Wen suchst du?“ Sie meint, es sei der Gärtner, und spricht zu ihm: „Herr, hast du ihn weggetragen, so sage mir, wo du ihn hingelegt hast; dann will ich ihn holen.“ Spricht Jesus zu ihr: „Maria!“ Da wandte sie sich um und spricht zu ihm auf Hebräisch: „'Rabbuni'!, das heißt: 'Meister'!“ Spricht Jesus zu ihr: „Rühre mich nicht an! Denn ich bin noch nicht aufgefahren zum Vater. Geh aber hin zu meinen Brüdern und sage ihnen: ‚Ich fahre auf zu meinem Vater und zu eurem Vater, zu meinem Gott und zu eurem Gott.‘“ Maria von Magdala geht und verkündigt den Jüngern: „Ich habe den Herrn gesehen, und das hat er zu mir gesagt.“

Liebe Gemeinde, was ist da genauer geschehen: was und wie? Patrick Roth, ein in Los Angeles lebender deutscher Schriftsteller und Drehbuchautor, hat den Hergang in seinem kleinen Buch „Magdalena am Grab“ nachgezeichnet:[1] Eine Schauspielgruppe in Hollywood will die Geschichte aus dem Johannes-Evangelium nachspielen. Für die Szene wirklich nötig sind nur zwei Personen: Maria und Jesus. In einem leeren Haus, einem dunklen Raum, nur von einer Stehlampe spärlich beleuchtet, gehen zwei Schauspieler die Worte der Erzählung durch. Sie stellen ein allererstes Mal die Bewegungsabläufe nach. Dabei werden sie auf merkwürdige Weise tief hineingezogen in die Geschichte. Der Schauspieler, der den Jesus spielt, wundert sich über seine Kollegin Monica in der Rolle der Maria Magdalena. Sie geht

---

[1] Patrick Roth: Magdalena am Grab, Insel-Bücherei Nr. 1234, Frankfurt/M.; Leipzig 2003, vor allem S. 46ff. - Zutreffend schildert Patrick Roth insgesamt 4 Wendungen in Johannes 20,11-18. Aus Gründen der Verständlichkeit beschränke ich mich in der Predigt auf zwei Wendungen Maria Magdalenas und eine des auferstandenen Jesus.

einfach vorbei an dem Mann vor dem Grab, den sie für den Gärtner hält, geht an ihm vorüber - mit gesenktem Kopf. „Warum tust du das?“, fragt der Schauspieler. „Ich rede doch mit dir!“ „Aber so muss es doch sein.“, antwortet sie: „Denn gleich danach heißt es doch: *Da wandte sie sich um...*“. In der Tat, so steht es da. Folglich muss Maria schon weitergegangen sein: auf der Suche nach dem toten Jesus, nach dem vermeintlich verschwundenen Leichnam, damit sie wenigstens diesen noch hat.

Wie es die beiden Schauspieler in Patrick Roths Erzählung proben, so ist es erzählt in Johannes 20 Verse 11 bis 18: Maria hat sich umgewandt, nach dem sie vom Grab zurückgelaufen ist. Es ist - zunächst - ja auch zum Davonlaufen. Erst ist Jesus, ihr Gottespfand und Lebensglück, gestorben. Jetzt ist sein Leichnam verschwunden. Nun hat ihre Trauer kein Gegenüber, keinen Ort mehr. Nun droht ihr eigenes Herz zum Sarg ihrer Tränen zu werden, zum Grab ihrer Liebe. Jetzt vermisst sie Jesus noch mehr. Es ist, als wäre er ihr und sie ihm noch einmal gestorben. Kann ein Mensch mehr vermissen? Maria hört nur Worte eines x-beliebigen Gärtners. Doch dann, plötzlich: *„Maria!“* Da macht sie eine Kehrtwende. Der Ruf ihres Namens belebt sie wieder, verwandelt ihre Todesfixierung in neue Lebensorientierung. Die ›Magdalenen-Sekunde‹! So nennt der Autor Patrick Roth den Moment, in dem sich alles verändert. Maria Magdalena, die sich in der Trauer um Jesus selbst zu verlieren beginnt, lässt sich in seine Gegenwart hineinziehen - und kommt von dort auf neue Weise zu sich zurück. Sie tritt aus ihrer schmerzverschlossenen Welt heraus, öffnet sich ihm, der sie anspricht mit ihrem Namen und nennt ihn bei dem Namen, mit dem sie ihn immer angeredet hat: *Da wandte sie sich um und spricht zu ihm auf Hebräisch: „'Rabbuni'!, das heißt: 'Meister'!“* Genau: *mein 'Meister'!*

Der Evangelist Johannes schreibt auf Griechisch, Maria aus Magdala sei eine στραφεισα, eine »Sich-Gewandt-Habende«.[1] In der Tat bewirkt die Zuwendung, die

---

[1] Zwei zusätzliche Gedanken: (1) Gleicherweise muss mit Jesus etwas geschehen sein. Er blickt noch zum Grab hin, als Maria Magdalena an ihm vorbeiläuft. Da sind sie Rücken an Rücken. Verlieren sie sich jetzt ganz aus den Augen? Keineswegs. Denn so ›Rücken an Rücken‹ scheint auch Jesus Maria zu vermissen. Ja, im Sinne des Evangelisten Johannes muss ich sogar sagen: Gott selbst vermisst den Menschen - und sucht ihn. Davon erzählt Johannes, wenn er spricht vom menschgewordenen Wort, das ja immer wieder Mensch werden will (Johannes 1,14). Die Suche nach dem Menschen kommt bei Johannes an zwei Stellen zum Ziel: Zuerst als Pilatus Jesus mit der Dornenkrone und im Purpurgewand denen, die ihn schinden und schlagen, wie Menschen - Gott sei es geklagt - Menschen immer wieder verspotten und verletzen, mit den Worten vorstellt: *Seht, der Mensch!* (Johannes 19,5) Sodann als Jesus den Namen der weinenden, so verletzten, ihn so vermissenden Frau nennt. In diesem Augenblick findet auch sie ihn, kommt ihre Suche ans Ziel. Ihr geschieht jetzt, was Paulus erhofft für die Zeit, die kommt: *Jetzt erkenne ich stückweise, dann aber werde ich erkennen, gleichwie ich erkannt bin.* (1. Korinther 13,12) - (2) Es musste so sein, dass Maria Magdalena Jesus nicht erkennt. Denn erst das Nicht-Erkennen ermöglicht das Erkanntwerden. Dieses ist die Voraussetzung dafür, etwas zu erkennen. Mit dem Philosophen Emmanuel Lévinas, der unsere gängige Auffassung von

sie erfährt, ihre eigene Umwendung, ja ihre Verwandlung. Die geht von Jesus aus. Von jenseits des Grabes. Denn von Jesu Leben bleibt mehr als ein Leichnam. Seine ganze Liebe bleibt. Die wird wieder lebendig, als er Maria bei ihrem Namen ruft. *Nun ist der Tod hinter ihr, weil vor ihr die Liebe ist.* (nach Dorothee Sölle) Jetzt kann sie, wie gesagt, auch seinen Namen aussprechen. So ist beider Wendung und Verwandlung miteinander verschränkt.

Dazu schreibt Patrick Roth (S. 48f): „Aber auch [Jesus] hat sich in diesem Moment des Wiedererkennens verwandelt: Er ist nicht mehr der dunkle Gott, der sich nicht zu erkennen gibt, ...sondern jetzt ist er der Erkannte. Und Magdalena ist er erst darin - durch diesen Moment des Erkanntseins - auch auferstanden. ... Jesus selbst ... wendet sich - noch bevor Maria von Magdala sich wandte. Sie zwingt ihn dazu... Durch ihr »Fehlen«, das heißt: durch ihr Am-Ziel-Vorbeigehen, zwingt sie ihn - oder lässt er sich zwingen zur Wendung. ... Gott wandelt sich durch unser Suchen nach Ihm, ja selbst durch unser An-Ihm-Vorbeigehen noch: ...um sich nach uns zu wenden nämlich, in seinem Verlangen zu sehen, das heißt: bewusst gesehen zu werden. ... Die »Magdalenensekunde«: das ist die Sekunde der Wiedererkennung: Mensch und Gott werden einander wieder bewusst. Rettend..., einander taufend bewusst: aus dem Wasser des Unbewussten, Toten: ziehen sich beide, einer den andern - ...neu-geboren, im anderen."

Die ›Magdalenen-Sekunde‹ offenbart ein tief miteinander verbundenes Gegenüber: Im Wiedererkennen ist Jesus der Erkennende und der Erkannte. Eine Erkannte und Erkennende ist ebenso Maria. Und vorher muss auch Jesus sich umgewandt haben, nämlich als Maria an ihm vorbeilief. Patrick Roth nennt dieses Vorbeilaufen Marias ihr »Fehlen«. Durch dieses ihr »Fehlen« habe sie Jesus zur Umwendung bewegt. So geht Maria Magdalena - wie wohl so oft in ihrem Leben und wie wir alle in unserem Leben oft genug - am Ziel ihrer Suche vorbei. Gleichwohl bleibt sie diesem gesuchten Ziel verbunden: noch im Fehlen, im Fehler, im Fehlgehen. So sucht Gott den Menschen: wendet sich, wandelt sich, wenn der Mensch an Ihm vorbeiläuft, fehlgeht. Und im gegenseitigen Nennen des Namens werden Mensch und Gott einander wieder bewusst: aus dem ... Unbewussten, Toten: ziehen sich beide, einer den andern - einer neu, neu-geboren, im anderen.

Subjektivität bzw. Subjektwerdung umkehrt, gesagt: Der Blick, den ein Anderer auf mich richtet, macht mich zu einem Ich, zu einem Subjekt. Es ist - gleichsam primordial - das ‚Antlitz des Anderen', das, indem es mich in Anspruch nimmt, mein Personsein begründet, in Kraft setzt. In vergleichbarer Weise bricht Gott in mein Leben ein: als Gegenwart, die mich ergreift, bevor ich sie und mich in ihr erkenne.

[7] Siehe Thomas Assheuer in einer Würdigung von Johann Baptist Metz: DIE ZEIT v. 31.07.2008, S. 44

Auferstehung: neu geboren einer im anderen. Diese Deutung habe ich einer früheren Kollegin im Zentrum für Gesundheitsethik unserer Landeskirche vorgetragen. Als Biologin und Gesundheitswissenschaftlerin hat sie viele Seminare zum Lebensanfang, zu Schwangerschaft, Pränataldiagnostik, Ultraschalluntersuchungen durchgeführt. Am 23. Mai wird meine frühere Kollegin Dr. Christa Wewetzer, Biologin und Gesundheitswissenschaftlerin im Zentrum für Gesundheitsethik hier in der Kreuzkirche sein, mit dem Thema: „Schwierige Entscheidungen am Lebensanfang". Sie schlug mir vor, auch das „Erkennen" im biblischen Sinn - statt mit dem *Nicht-Mehr* des Lebensendes - mit dem *Noch-Nicht* des Lebensbeginns in Verbindung zu bringen. Dann stellt sich eine andere Blickrichtung ein, ein Perspektivwechsel, wie er sich heute dem Namen dieses Sonntags folgend nahelegt: „Quasimodogeniti" - „Wie die neugeborenen Kinder...". An die Stelle des Gewesenen und Abgestorbenen tritt das Werdende und Lebendige. Dessen Bild ist immer schon da, es geht der Geburt voraus. Es verdichtet sich im Namen. Dabei war alles Lebendige einmal im Noch-Nicht. Daraus wurde es zum Leben gebracht. So könnte doch in jedem Ende ein neuer Anfang beschlossen sein! So könnte doch, was mir nur ein sinnloses Nicht-Mehr zu sein scheint, nur ein Noch-Nicht sein, eine Möglichkeit, der ein Werden, eine Wendung, eine Verwandlung entspringt! So ließe sich doch „Auferstehung", für uns moderne Menschen das Paradebeispiel des Undenkbaren, denken: Das Tote, Leblose - statt bloß als Nicht-Mehr - als Moment des Noch-Nicht, als Möglichkeit des Werdens, der Neugeburt, die mehr ist als Wiederbelebung. Die ›Magdalenen-Sekunde‹ gibt zu erkennen: Wirklich ist, was immer neu möglich ist, was immer neu geschaffen wird. Und das ist mehr als der menschliche Geist fassen kann.

Eben das ist Ostern. Etwas Unglaubliches, aber doch Mögliches, der Beginn in allem Beginnen, der Anfang in allen Anfängen. Eine Verdichtung der unzählbaren schöpferischen Momente, die die Schöpfung ausmachen. Im Namen werden wir dessen bewusst. Ein Name ist auch GOTT: kein abstrakter Begriff für eine bestimmbare Wirklichkeit außerhalb unserer Wirklichkeit, sondern ein konkreter Name für die schöpferische Beziehung, die allem Lebendigen zugrundeliegt und alles miteinander verbindet. Im Kennen und Nennen des Namens äußern sich zumal unsere schöpferischen Beziehungen, unser Miteinander, unser Füreinander, unser Voneinander. Zur Person werde ich durch den Namen, der mir gegeben ist, bei dem ich gerufen werde. Dort beginnt mein Leben, nicht bei mir selbst. Ich erkenne erst etwas, ich erkenne mich erst, wenn ich erkannt bin. Das ist Maria aus Magdala geschehen, was Paulus erhofft für die Zeit, die kommt: *Jetzt erkenne ich stückweise, dann aber werde ich erkennen, gleichwie ich erkannt bin.* (1. Kor 13,12)

„Maria!“ - „'Rabbuni'“. Die österliche ›Magdalenen-Sekunde‹ zeigt mir, wie dringlich es ist, jemandes Namen zu kennen und zu nennen. Im Namen verdichtet sich das Leben einer Person, sei es in sichtbarer, sei es in verborgener Gegenwart. Eine Therapeutin, die sich seit vielen Jahren kümmert um Menschen in Demenz, die im Begriff sind, die Erinnerung, das Gedächtnis ihrer selbst zu verlieren, erzählte mir am Ostersonntag: „Bei allen unseren Treffen sprechen, singen, klatschen, trommeln wir von jeder und jedem den Namen!“ Jeder Name hat seinen eigenen Rhythmus und Klang! Ja, höre ich meinen Namen, werde ich geweckt, auferweckt selbst aus Tiefschlaf und Traum, irgendwann wohl auch aus dem Vergessen meiner selbst. Und wenn ich bei Gemeinde- und Krankenbesuchen am Bett schwerstkranker Menschen saß, denen sich zu äußern unmöglich geworden war, habe ich einfach nur ihren Namen genannt. Nur ihren Namen, verbunden mit einem Segen!

Ich habe dich bei deinem Namen gerufen, du bist mein. Wir kennen dieses lösende, erlösende Wort aus Jesaja 43 Vers 1. Im Namen Gottes, dem Namen aller Namen, beim eigenen Namen gerufen zu werden, bedeutet, dass ein Name im anderen wiedergeboren wird, aufersteht. Und am Ende mag stehen, was Eric-Emmanuel Schmitt in seinem Buch „Oscar und die Dame in Rosa“ schreibt; ich erzähle aus dem Gedächtnis: Der kleine Oscar, etwa 10 Jahre alt, ist gestorben; er hatte Krebs. Die „Dame in Rosa“ hat ihn dazu angeregt, Briefe an Gott zu schreiben. Nachdem Oscar gestorben ist, schreibt sie noch einen Zettel, den sie auf sein Totenbett legt: „Psssst...nur Gott darf ihn wecken.“

Ostern, liebe Gemeinde, ist auch das: Füreinander erkennbar und lebendig werden. Das werden wir in unseren Namen. Unseren Kindern geben wir so schnell wie möglich einen Namen. Wir erinnern uns an die Namen derer, die uns vorangegangen sind und die wir beerbt haben. Und täten gut daran, uns bei unserem Umgang mit den Ressourcen des Lebens unseren Erben verantwortlich und rechenschaftspflichtig zu wissen, über die Generation unserer Kinder, Enkel und Urenkel hinaus. Wir kennen von keinem den Namen, aber sie werden Menschen mit je eigenem Namen sein: mit eigenen Namen und eigenen Lebenswünschen und vor allem Lebensrechten. Indem wir sie auf diese Weise anerkennen, erkennen wir gleichsam auch die wieder, die wir noch gar nicht kennen. Auch dafür, für diese gemeinsame Zukunft der ganzen Erde steht das Osterfest. Nach biblischem Zeugnis soll zu neuem Leben erweckt und bewahrt werden die *ganze* Schöpfung! Immer nur an eine persönliche Auferstehung zu denken, verkürzt die biblische Botschaft.

Ostern ist eine Namensgeschichte - und deshalb eine Berufungsgeschichte. Angerufen mit ihrem Namen wird Maria Magdalena sich ihrer selbst wieder gewahr als Person, die sie ist, mit all ihren Möglichkeiten, mit einem Blick auf das

Werdende statt auf das Gestorbene. In der ›Magdalenen-Sekunde‹ erkennt sie sich wieder und den lebendigen Jesus. Im gegenseitigen Nennen des Namens kann der Tod noch nicht widerlegt, aber schon widerlebt werden! So wird Leben wieder etwas Gemeinsames. So bleibt zugleich das Geheimnis eines Namens bewahrt. Darum soll Maria Magdalena sich nicht festhalten an der Jesus-Gestalt: *Rühre mich nicht an!* Vielmehr erhält sie den Auftrag, seinen Namen lebendig und gegenwärtig sein zu lassen, d. h. sowohl die Unmöglichkeit, sein Leben für andere zu verschließen in einem Grab, als auch die Möglichkeit, in seiner Erniedrigung seine Erhöhung, sein Bejahtsein durch Gott zu erkennen.

Ja, einzig der Erniedrigte ist der Erhöhte. Gerade Jesu Niedrigkeit, seine Menschlichkeit macht seine Göttlichkeit aus. Er ist kein Wesen vom Himmel herab. Er ist „*Gottes* Sohn“, weil er ganz und gar Menschenkind ist. Das ist die Pointe, alles andere ist ein theologischer Irrweg. Vor allem evangelische Theologie ist „Theologie von unten“, keine „Theologie von oben“.

Zurück zu Maria Magdalena. Damit sie Jesus Christus festhalten kann, ohne sich an die Jesus-Gestalt zu klammern, wird sie sich noch einmal umwenden. Um neu in ihr Leben zu gehen mit dem Lebendigen im Rücken. Mit seinem Ruf zum neuen Leben im Ohr, mit seiner Berufung zur Ewigkeit im Herzen. In der Kraft dessen, der die Liebe bis zur Hingabe des eigenen Lebens lebte. Der die Frauen und Männer, die mit ihm auf seinem Weg sind, *meine Freunde* nennt (Johannes 15,13f). So wird Maria aus Magdala weitergehen und sie weitergeben: die Osterbotschaft, deren erste Zeugin sie ist - und mit deren Zeuginnenschaft die Christenheit begann. Frauen wie diese standen am Anfang des christlichen Glaubens - und nicht nur am Anfang, sondern zu allen Zeiten mittendrin! Selbstständige Zeuginnen des Glaubens!

Liebe Schwestern und Brüder, wie auch immer Euer persönlicher Lebensauftrag, wie auch immer Eure persönliche Berufung lautet: Heute, am ersten Sonntag in der Osterzeit, am Sonntag der „neugeborenen Kinder“, erbitte ich für uns alle viele ›Magdalenen-Sekunden‹. Amen.

[12]

„Energiewende: Glauben ans Unglaubliche“ - Predigt zu Johannes 21,1-14
Ev. Kirchenzentrum Kronsberg Hannover
1. Mai 2011 - Quasimodogeniti und »Tag der Arbeit«

Liebe Gemeinde!

Ein Tag wie heute kommt erst wieder im Jahr 2095 vor. Dann fällt der 1. Sonntag nach Ostern nochmals auf den 1. Mai: «Weißer Sonntag» und «Tag der Arbeit» sind wieder derselbe Tag. Dann erst: das ist eigentlich schade. Denn diese beiden Tage haben durchaus etwas miteinander zu tun.

Werfen wir einen Blick zurück in die Zeit der frühen Christenheit. In der Frühe des Ostersonntags, zum Sonnenaufgang, finden die Taufen statt. Die Getauften legen weiße Kleider an. Die tragen sie eine Woche lang, um allen zu zeigen: Jesus Christus hat uns neu gemacht, wir sind wie neu geboren: «quasi modo geniti», d. h. *...wie die neugeborenen Kinder...* (1. Petrus 1,3). Am Sonntag nach Ostern legen die „Neugeborenen", die Getauften ihre weißen Kleider wieder ab und die schlichten grau-braunen Gewänder wieder an. Nach der Festwoche, in der sie jeden Abend am «Mahl des Herrn» teilnahmen, beginnt nun wieder der Alltag.

Jedem Aufbruch folgt die Arbeit, jedem Beginn die Bewährung, jeder Gipfelerfahrung die Mühe der Ebene. So ergeht es auch den Jesus-Jüngern. Das wird, wie in der Biblischen Lesung aus Johannes 21 gehört, am Beispiel von sieben von ihnen erzählt. „Sieben" - diese heilige Zahl steht für die ganze Christenheit, für die Kirche. Zweimal war der Auferstandene dem größeren Kreis der Jüngerinnen und Jünger in Jerusalem erschienen. Wahrhaft eine Gipfelerfahrung! Aber nun finden wir die Jesus-Jünger wieder am *See Tiberias*, mit anderem Namen: See Genezareth. *Spricht Simon Petrus zu ihnen: „Ich will fischen gehen." Sie sprechen zu ihm: „So wollen wir mit dir gehen."* Also gehen sie wieder ihrem Beruf nach, dem Fischfang. Von dort hatte Jesus sie in seine Nachfolge gerufen. Nun fahren sie mit ihrem zurückgelassenen Boot wieder hinaus: nachts, zur dort besten Fangzeit. Nachtarbeit ist besonders anstrengend, damals wie heute. Umso schwerer wiegt, was die Jünger erleben: leere Netze, eine Nacht der Vergeblichkeit.

Der «Tag der Arbeit» gehört seit dem 1. Mai 1890 zum Kernbestand der Arbeiterbewegung. Gegen massiven Widerstand des damaligen Unternehmer- und Bürgertums forderten zig-millionen Menschen ihr Recht *auf* Arbeit und ihre Rechte *aus* Arbeit ein. Die Kirchen haben es viel zu spät begriffen - und damit die christliche Botschaft entstellt. Obwohl Martin Luther gesagt hat: „Der Mensch ist zur Arbeit geboren wie der Vogel zum Fliegen." Daraus kann man nur folgern: Es gibt ein Recht *auf* Arbeit und Rechte *aus* Arbeit, die über eine ausreichende Entlohnung hinaus Teilhabe, Mitbestimmung bedeuten. Schon aus dem Auftrag Gottes im Garten Eden, die Erde „zu bebauen und zu bewahren" (1. Mose 2,15), ergibt sich die Würde der Arbeit, was allemal heißt: des arbeitenden Menschen. Also gilt es, die Arbeitsverhältnisse aus den Abhängigkeitsverhältnissen zu befreien. Das utopische Potential, die Vision einer gerechteren Welt, die im «Tag der Arbeit» steckt, haben einen starken, wesentlichen Anhalt an der biblischen Botschaft.

Davon steckt auch etwas in Johannes 21. Für die frühe Christenheit ist der ***Fisch*** Hauptnahrungsmittel und zugleich Symbol für Jesus Christus selbst: Die griechischen Buchstaben ΙΧΘΥΣ für *Fisch* lesen sie nach den Anfangsbuchstaben so: „Jesus Christus, Sohn Gottes, Retter". Das ist auch ein Protest gegen eine starke wirtschaftliche Abhängigkeit: Im *See Tiberias* wird nämlich, weit ab von der Hauptstadt Rom, der *Fisch* gefangen, den sich reiche Römer von ihren Sklaven als Delikatesse servieren lassen, z. B. den «Petersfisch». Die Römer holten aus ihren Kolonien heraus, was herauszuholen war. Noch heute leben wir von Rohstoffen, Nahrungs- und Futtermitteln aus Afrika und Südamerika. Für die sinken wieder einmal die Weltmarktpreise. Also werden in den armen Ländern die Lebensmittel immer unerschwinglicher, nicht zuletzt *Brot* und *Fisch*.

Schon damals ist es für die Fischer am *See Tiberias* ruinös, morgens nur leere Netze ans Land ziehen zu können. Diese soziale Lage gilt es mitzubedenken, wenn es heißt: *Spricht Jesus zu ihnen: „Kinder, habt ihr nichts zu essen?" Sie antworteten ihm: „Nein."* Eine ehrliche Frage, wie Jesus stets sich gesorgt und gekümmert hat um die reale Lage der Menschen, denen er begegnete. Und eine ehrliche Antwort: „Wir haben nur leere Netze und leere Mägen." Zur frühen Christenheit gehörten in der Mehrheit Menschen, die heute nicht wussten, wovon sie das Brot für morgen kaufen sollten!

An dieser Stelle wage ich eine erste Deutung der gesamten Erzählung. Es ist die dritte Begegnung mit dem Auferstandenen. Die symbolische Zahl „Drei" wird hier bedeuten: Alle Lebensbereiche erscheinen durch Ostern in einem neuen Licht: Die Auferstehung vollendet die Liebe, die die erste Osterzeugin Maria Magdalena zu Jesus hatte. Die Auferstehung begründet den Glauben, der zunächst dem Jünger Thomas fehlte. Und nun verwandelt sie den Alltag. Das muss jedenfalls die umwerfende und umwendende Erfahrung der ersten Christinnen und Christen gewesen sein: Gerade mit seinem Tod, seinem Leiden und Sterben am Kreuz, kommt Jesus Christus uns noch näher als bisher. Ostern wird zur Hoffnungskraft, die sie noch einmal ausfahren und die Netze auswerfen lässt: *„Werft das Netz aus zur Rechten des Bootes, so werdet ihr finden." Da warfen sie es aus und konnten's nicht mehr ziehen wegen der Menge der Fische.*

Mit anderen Worten: Der Nacht der Vergeblichkeit folgt der Morgen der Möglichkeit. Vergeblich, verwirkt wäre alles erst dann, wäre die Kraft des Lebens und der Liebe Jesu Christi verschwunden. Aber sie ist da. Und wo sie ist, gelingt unser Leben, weil wir verbunden bleiben mit dessen unerschöpflicher Quelle.

In diesen Tagen, liebe Gemeinde, kommt wirklich viel zusammen. Am vergangenen Dienstag jährte sich der GAU im Kernkraftwerk Tschernobyl zum 25.

Mal. In unserer Landeskirche wurden und werden viele Gedenkstunden gehalten, weil hunderte von Kirchengemeinden seit 20 Jahren Kinder aus der Tschernobyl-Region im Sommer zu Gast haben; inzwischen sind es 23.000 Kinder, in diesem Jahr kommen 700 hinzu. Die verantwortliche Organisation dieser Maßnahme war mir übertragen, als ich Direktor des Amtes für Gemeindedienst war. Da gäbe es viel zu erzählen. Heute erzähle ich nur (manche haben dieses Erlebnis vielleicht schon einmal von mir gehört), wie mir in der für Jahrhunderte unbewohnbaren Sperrzone 30 Kilometer um das Kernkraftwerk Tschernobyl herum ein Osterlicht aufging:

An einem strahlenden Spätsommertag 1991 war ich in der „Toten Zone". In einer der vielen zerfallenen, überwucherten Bauernhütten sah ich auf dem vermodernden Holzfußboden eine Kinderpuppe: ohne Arme, mit nur einem halben Bein. Daneben eine Christus-Ikone, zerbrochen, verstaubt, verwittert, abgeblättert, doch eben noch erkennbar an den letzten Resten des Goldkranzes, auf den einige Sonnenstrahlen fielen: Jesus am Kreuz. Mit einer Leuchtkraft, die aller Verwitterung standgehalten hatte. Da erlebte ich Ostern. In Jesus Christus hat Gott selbst alle Schrecken durchlebt, eine Liebe bis in den Tod hinein und durch ihn hindurch gelebt. So wirkt Ostern bis heute: Wo sich das ganz normale Leben abspielt, unser schwieriges, gefährdetes, arbeitsvolles Leben - da ist er weiter dabei. Er nimmt unser Erschrecken unbedingt ernst. Seine Wundmale bleiben ja. Aber er bezieht alles Erschrecken ein ins Leben und verwandelt es in seine Liebe. Auf diese Weise lässt Gott, auch wo Menschen Teufelswerk anrichten, seine Welt nicht zum Teufel gehen.

Und nun, liebe Gemeinde, bitte ich Sie um Nachsicht, wenn ich noch etwas Aktuelles anspreche. Am vergangenen Donnerstag veranstaltete die von der Bundesregierung eingesetzte Ethikkommission zur Atomkraft und Energieversorgung eine ganztägige Expertenanhörung. Es geht um die «Energiewende». Unsere Landessynode hat schon 1988 gefordert, im Rahmen neuer Formen der Energienutzung und -gewinnung müsse die Erzeugung von Kernkraft „verzichtbar gemacht werden", zumal diese Technik im Grunde unbeherrschbar sei, an der Fehlbarkeit des Menschen vorbei konstruiert. Dazu gibt es respektable unterschiedliche Meinungen. Doch wie auch immer man die Kernenergie beurteilen mag - an einer «Energiewende» führt kein Weg vorbei. Eine «große Transformation» - so der Wissenschaftliche Beirat Globale Umweltentwicklung - weg von den bald erschöpften fossilen Ressourcen hin zu einer wirklich nachhaltigen, klimaschonenden und damit auch zu einer Lebensweise, die zukünftigen Generationen genug zum Leben und ihnen ihre Lebensrechte lässt, ist unabdingbar. Wie lange soll es denn weitergehen, dass wir unser Glück als Eltern mit dem absehbaren Leid unserer Kinder und Kindeskinder erkaufen?!

So haben wir in diesen Monaten Entscheidungen zu treffen, die weit über unsere eigene Lebenszeit hinaus hunderte, ja tausende von Jahren Bestand haben müssen. Wer freilich die «Energiewende» will, muss auch eine deutliche Veränderung unserer Landschaft akzeptieren, z. B. neue Windparks, neue Energiespeicherwerke, ein neues Netz mit breiten Stromtrassen über und unter der Erde. Wer A sagt, muss, wenn und weil A richtig ist, auch B sagen! Vor allem müssen wir unsere luxuriöse Lebensweise beenden und uns auf das wirklich Wichtige besinnen - im Sinne einer Ethik der Selbst- und Nutzungsbegrenzung und der Bescheidenheit. Mitnichten erzeugt mehr Wohlstand mehr Lebensqualität. So ist die Änderung unserer inneren Haltung und Einstellung zu Welt und Leben, das Ernstnehmen dieser Welt als *Gottes* Schöpfung, die eigentlich nötige «Energiewende».

In diesem Zusammenhang lese ich heute, viele andere wichtige Aspekte beiseite lassend, den aufgegebenen Bibel- und Predigttext aus Johannes 21. Er enthält einen *merk*würdigen Widerspruch: Erst bittet Jesus die Jünger um etwas zu essen. Als sie dann nach erneuter Ausfahrt reichlich *Fische* gefangen haben, brennt am Ufer im Morgengrauen schon ein *Kohlenfeuer*, *Fische* braten *darauf und Brot* ist auch da. Was *Petrus* nun aus dem Netz holt, ist nur noch Zugabe. Und dann, so wird erzählt, *kommt Jesus und nimmt das Brot und gibt's ihnen, desgleichen auch die Fische.*

Was bedeutet dieser Widerspruch? Wenn sich im Osterlicht die Nacht der Vergeblichkeit in den Morgen der Möglichkeit verwandelt, sind wir Menschen beteiligt: im Alltag, mit unserer Arbeit, unserem Wissen und Können. Aber das ist keineswegs alles. Im Grunde leben wir von dem, was uns zwar in Fülle gegeben ist, was uns aber aufs Ganze gesehen unverfügbar bleibt. Wir haben kein Recht, es besinnungslos zu verbrauchen, vielmehr dann nur selbst den Schaden. Wir sind Gäste des Lebens - kein Gast, wenn er denn bei Sinnen ist, zerstört das Haus, in das er eingeladen ist. Wir haben die Erde von unseren Vorfahren geerbt und von unseren Nachfahren geliehen! *So* ist sie uns von Gott geschenkt und gegeben zur treuen Haushalterschaft, das heißt «Ökologie».

Wir sind Gäste des Lebens, eingeladen von Jesus Christus: zu *Brot* und *Fisch*. Sie erinnern an die Feier des Abendmahls und wie Jesus die Hungrigen gespeist hat: „Fünf Brote und zwei Fische - und alle werden satt." Nicht aufgrund der Menge, sondern aufgrund des Glaubens, der Hoffnung und der Liebe, die Jesus Christus in ihnen geweckt hat. So will er auch bei uns die wirkliche «Energiewende» einleiten, im Denken wie im Handeln, tief in uns drin und aus uns heraus. Der Glaube an den Auferstandenen, der ebenso der Gekreuzigte ist, will uns die Sorge um unser

Letztes nehmen, die uns sooft hindert, wirklich für das Vorletzte zu sorgen: Das letzte Wort über uns hat Gott gesprochen, über unsere Lebenstage hinaus. Weil wir über diese Welt hinaus hoffen, hoffen wir in sie hinein.

In einem Bild dieses unerschöpflich bildreichen und symbolstarken Abschnitts aus Johannes 21: Wer in der Orientierung an Jesus Christus erneut ans Werk geht und seinen Beruf ausübt, darf am Morgen der Möglichkeit ein zweites Mal zählen: *Simon Petrus ... zog das Netz an Land, voll großer Fische, hundertdreiundfünfzig. Und obwohl es so viele waren, zerriss doch das Netz nicht.* Bezogen auf heute klingt es banal, gleichwohl ist es bedeutsam: Die «Energiewende» fordert uns alle Kräfte ab und wird uns noch vor viele Probleme stellen, indes ist sie eine einmalige Chance. Nur die schweren Wege führen weiter.

Auf der Titelseite der Osterausgabe der Wochenzeitung DIE ZEIT vom 20. April 2011 schrieb die Reporterin und Leitartiklerin Carolin Emcke, die von Schauplätzen der Tragödien und schweren Konflikte berichtet, unter der Überschrift „Nur nicht zynisch werden - Wir brauchen den Glauben an das Unglaubliche“: Gerade weil das nur statistisch für wahrscheinlich Gehaltene zum Unfassbaren geworden sei, müssten (ich zitiere) *wir auf einen Horizont ausgerichtet sein..., der das überschreitet, was ist. ... Es braucht den Glauben an das Unglaubliche, das Trotzdem, das sich ... den Widerständen der herrschenden Ideologien widersetzt, es braucht die Hoffnung auf das ... «Noch-Nicht» ... - sonst ist Veränderung nicht möglich. Sonst lässt sich aber auch die Gegenwart auf Dauer kaum aushalten.* Darum, so heißt es weiter, seien alte Geschichten wie die von Kreuz und Auferstehung unverzichtbar. In ihnen werde (ich zitiere wieder) *die Hoffnung weitergereicht ... von Generation zu Generation, wie ein Laib Brot, von dem sich jeder ein Stück bricht, Hoffnung auf Befreiung oder auf Erlösung.* Soweit eine weltkundige Journalistin.

Kraft des unglaublichen Osterglaubens werden wir zu Realisten, weil wir wieder eine Vision haben. Dabei öffnet uns das Osterlicht zuerst den Blick *dafür*: Auch im Alltag, in der Arbeit, in der Anstrengung lässt sich der Auferstandene erkennen, ist Gottes unerschöpfliche Lebenskraft mit dabei. Das ist *die* «Energiewende» - und so wird sie möglich!

Spricht Jesus zu ihnen: „Kommt und haltet das Mahl!“ Niemand aber unter den Jüngern wagte, ihn zu fragen: „Wer bist du?“ Denn sie wussten, dass es der Herr war. Da (nimmt) Jesus ... das Brot und gibt's ihnen, desgleichen auch die Fische. Amen.

[13]
„Fußmatte“ - Predigt zu Römer 5,1-5
Ev. Kirchenzentrum Kronsberg Hannover
7. März 2004 - Reminiszere

...und denn, denn stehste vor Gott dem Vater, stehste, der allens jeweckt hat, vor dem stehste denn, und der fragt dir ins Jesichte: Willem Voigt, wat haste jemacht mit dein Leben? Und da muß ick sagen - Fußmatte. Fußmatte muß ick sagen. Die hab ick jeflochten im Jefängnis, und denn sind se alle druff rumjetrampelt, muß ick sagen. Und Gott sagt zu dir: Jeh wech! sagt er! Ausweisung! sagt er! Dafür hab ick dir det Leben nich jeschenkt, sagt er! Det biste mir schuldig. Wo is et? Wat haste mit jemacht?

Liebe Gemeinde!

Aus dem Schuster Willem Voigt, einem kleinen Mann ohne Ausweis, ohne Arbeit, ohne festes Zuhause, wird der «Hauptmann von Köpenick». Soldaten und Zivilisten folgen seinen Befehlen. Er trägt ja eine Uniform. Unnachahmlich, wie Heinz Rühmann Schuster Voigt gespielt hat. Erinnern Sie sich - an den Film, an das Schauspiel von Carl Zuckmayer? Ich habe eben zitiert aus dem Gespräch über den Lebenssinn mit Willem Voigts Schwager, einem kleinen, subalternen Beamten, bei dem er Unterschlupf gefunden hat.

Da wir nun gerecht geworden sind durch den Glauben, haben wir Frieden mit Gott durch unsern Herrn Jesus Christus; durch ihn haben wir auch den Zugang im Glauben zu dieser Gnade, in der wir stehen, und rühmen uns der Hoffnung der zukünftigen Herrlichkeit, die Gott geben wird.

Diese Worte aus Römer 5, der Epistel und dem Predigttext für den heutigen Sonntag, und vorher die Lebensbilanz des Schusters Willem Voigt - dazwischen liegen Welten: hier gerecht geworden - dort Gefängnis, hier Frieden mit Gott und Zugang im Glauben - dort Ausweisung, hier Gnade und da Fußmatte.

Kaum auszuhalten - diese Spannung! Wie sollen wir umgehen mit solchen Widersprüchen? Es wäre schlimm, hundsgemein wäre es, von Willem Voigt zu verlangen: Begnüge dich mit Fußmatte!

Was Paulus ausdrückt, ist eine andere Erfahrung als die, die Willem Voigt gemacht hat. Dessen Schusterleben ist so schiefgelaufen, weil in seinem Lebensumfeld, der Gesellschaft des vergehenden Kaiserreichs mit einer Kirche, in der weite Kreise - keineswegs alle, aber doch weite Kreise - Staatstreue schon für Menschentreue hielten, das Einhalten der Regeln äußerer Wohlanständigkeit und Bürgerlichkeit als Zugehörigkeitsvoraussetzung und als Zugangsschranke aufgerichtet worden war. Keine feste Arbeit, kein fester Wohnsitz, kein Pass - und umgekehrt!

Wer dieses Eintrittsbillett nicht vorweisen konnte, war von der Veranstaltung, die sich Gesellschaft, die sich Leben nennt, ausgeschlossen.

Doch sollte die Kirche sich soviel um die Menschen am Rand kümmern und so sozial und politisch sein? Statt um das Wohl muss es der Kirche in erster Linie doch um das seelische, geistliche Heil der Menschen gehen! In der Tat, darin liegt der unverwechselbare, unaufgebbare Auftrag der Kirche. Wer sollte sich denn sonst um das Heil kümmern?! Doch wie lässt sich eins vom anderen trennen? Ist denn das Wohl meines Nächsten überhaupt eine materielle oder zuallererst doch eine spirituelle Frage? Bestimmen nicht meine innere Haltung und mein geistlicher Halt mein Verhalten gerade im Zusammenleben mit anderen: was ich denke und sage, wie ich handle, wieviel und wie ich gebe?! Wer Wohl und Heil voneinander trennt, vergisst „Mose und die Propheten" und allemal Jesus, den Christus.

"Wirklich deutlich", sagt Vaclav Havel, "kann die Schrecken der Welt nur derjenige sehen, der Hoffnung und Glauben nicht verloren hat." In diesem Sinn verstehe ich heute Paulus, wenn er uns jetzt sagt, dass *wir gerecht geworden sind durch den Glauben und Frieden (haben) mit Gott durch unsern Herrn Jesus Christus.* Dabei denken wir Protestanten sogleich an Martin Luthers reformatorische Erkenntnis von der «Rechtfertigung allein aus Gnaden, allein aus Glauben, allein um Christi willen»: Kern und Stern unseres Glaubens, alleiniger Grund und Maßstab unseres Christ- und Kircheseins.

Das ist ein Perspektivwechsel, den es immer wieder zu vollziehen gilt. Dabei sind aber nicht wir die Handelnden, sondern die Empfangenden. Glauben, Frieden mit Gott, Gnade, Hoffnung, zukünftige Herrlichkeit - sie sind und werden uns zugesprochen, wir sind und werden in sie hineingenommen. Wir sind einzig diejenigen, die unser Heil annehmen, wie es in dem Weihnachtslied „Kommt und lasst uns Christum ehren..." heißt (EG 39,2). Das aber ist nach meiner Erfahrung noch zu aktiv ausgedrückt. Denn eigentlich ist, in Worten Paul Tillichs, Glaube das *Ergriffen-Sein* von dem, was mich unbedingt angeht - und meiner Aktivität immer schon zuvorkommt.

Aber gerade in diesem ganz und gar Rezeptiven, in dem gleichsam Gott mich empfänglich macht, erschließt sich diese besondere Gottes- und Sinnerfahrung, die alles ins Licht des *Glaubens, der Hoffnung und der Liebe* taucht. In diesem Licht kann zu Ende gesprochen werden, was nicht das letzte Wort behalten darf, wie es in den Klage- und Trauerpsalmen geschieht! In diesem Licht kann alles ausgesprochen werden, auch Fehlverhalten und Schuld, jenseits der so gerne geübten Schuldzuweisungen.

Ach, wie hat es da der Schuster Willem Voigt schwer gehabt?! Wie tief hat man seine Seele verwundet, seine Würde verletzt, indem man ihn nur mit einem fordernden und richtenden Gott bekannt gemacht hat: als Erbsenzähler guter Taten in einem wohlanständigen Leben?! Gewiss brauchen wir, um nur einmal *dabei* zu bleiben, Anstand, und auch ein bürgerliches Leben, wie wir alle es führen, ist etwas Gutes und keineswegs zu verachten. *Das* aber ist die Grenzlinie, hinter der alles Richtige verkehrt und auch die fremde, richtende Seite Gottes missverstanden wird:

Wo der Wert eines Menschen nach seinem Werk beurteilt wird. Wo die Würde eines Menschen in seinen Eigenschaften liegen soll. Wo wir nur in uns selbst die einzige Sinngebungsinstanz erblicken wollen. Wo alles nach der Devise läuft: Wenn jeder für sich selber sorgt, ist für alle gesorgt. Wenn jeder sich selbst bestimmt, haben wir die Selbstbestimmung aller, die wirklich freie Gesellschaft. Dann darf jeder sich nur um sich selbst kümmern. Dann darf keiner mehr dem anderen zur Last fallen. Dann aber stecken wir mittendrin in der neo-liberalistischen Falle und produzieren ein Fußmatte-Dasein nach dem anderen.

Dagegen bäumt sich der Apostel Paulus gleichsam auf, wenn er geradezu irritierend einseitig darauf pocht, wir lebten schon in dem Raum, in der Spur von Glauben, Frieden mit Gott, Gnade, Hoffnung, zukünftiger Herrlichkeit. Denn die Liebe Gottes *ist* ausgegossen in unsere Herzen durch den heiligen Geist, der uns gegeben ist. Dann stehen wir mit leeren Händen da, aber wir sind, wie es auch um uns stehen mag, allemal etwas anderes als Fußmatte.

Das hätte ich, zumal als Pastor, Willem Voigt gerne gesagt und gezeigt, wie die Liebe Gottes ausgegossen ist in unsere Herzen, auch in sein Herz. Aber wie oft sage ich es den mir begegnenden Menschen zu unbeholfen, zu undeutlich?! Sagt Willem Voigt es vielleicht mir, hier und jetzt, wenn auch ganz anders als Paulus?

Ich erinnere mich, *wie* Heinz Rühmann Fußmatte sagt: Seine Lebensbilanz, seine Lebensklage, sind erschütternd und anrührend! Doch er spricht zu Ende, was eben nicht das letzte Wort behalten darf. So widersetzt er sich dem Untertanengeist seines Schwagers, entlarvt jede Scheinheiligkeit und jedes Schielen auf Höhergestellte. *Wie* er es sagt, daraus erspüre ich eine Lebensgewitztheit, der eine Lebensgewissheit zugrunde liegt. Eine Schweijk'sche Verschmitztheit, mit der er die Verschmutzung seiner Würde ausspricht und darin seine Würde ausdrückt: als widerständige Würde der, wenn hier auch verborgenen, Gotteskindschaft!

Die verborgene Gotteskindschaft des Willem Voigt offenbart mir auf ihre Weise, was *Gnade* bei Paulus bedeutet: Ich sagen zu können, ohne alles von sich erwarten zu müssen - und so das Ich im Du leben zu können; Vertrauen vor Leistung;

Einweisung statt Ausweisung. Die Fußmatte im eigenen Leben klar erkennen und benennen zu können - und sich dennoch dem Himmel nahe zu wissen: *Frieden mit Gott.* In den müssen wir uns nicht erst hineinarbeiten, aus dem leben wir - und das bezeugen wir.

Paulus bezeugt es in diesen Worten: *...wir rühmen uns auch der Bedrängnisse, weil wir wissen, dass Bedrängnis Geduld bringt, Geduld aber Bewährung, Bewährung aber Hoffnung, Hoffnung aber lässt nicht zuschanden werden.* Das sind nicht nur große, sondern auch vielfach missverstandene und missbrauchte Worte. *Bedrängnis, Geduld, Bewährung,* aus der auch noch *Hoffnung* erwächst? Plädiert Paulus etwa dafür, alles klaglos und fraglos hinzunehmen?

Bitte gestatten Sie mir einen kleinen Umweg. Neulich hörte ich die anerkannte Leiterin einer Demenzklinik mit folgender Geschichte: Zwei Männer haben ein und dasselbe Beinleiden. Sie liegen bei der Physiotherapie in der Kabine nebeneinander, nur durch einen Vorhang getrennt. Der eine Mann schreit bei der Massage markerschütternd. Der andere Mann bleibt ganz still. Fragt der erste den zweiten: „Hat es Dir denn *nicht* weh getan?“ – „Doch, aber ich habe statt meines kranken mein *gesundes* Bein behandeln lassen!“

Absurd! Doch die Medizinerin wollte im Blick auf Demenz sagen: Es führt zu nichts anderem als Unzufriedenheit und Unfrieden, wenn wir das, was nicht zu verbessern, was verloren gegangen ist, durch unentwegtes Training noch optimieren wollen. Konzentrieren wir uns also auf das, was da ist, was einen Menschen noch stärken, kräftigen, freuen kann, was Zukunft gibt. Das ist dann weder eine fiese Pädagogik, die mit Sanktionen arbeitet, noch eine miese Therapie, die nur an Effektivität ausgerichtet ist und nur erhöhten Leistungsdruck bedeutet. Das wäre, diesen gewagten Vergleich ziehe ich jetzt einmal, eine aktive *Geduld*, eine *Geduld als langer Atem der Leidenschaft* und darin als *Bewährung*: *Hoffnung* wäre das, die nicht zuschanden werden lässt. Nach Paulus dürfen Bedrängnisse weder vergessen werden noch behalten sie uns im Griff.

Nun mein Schlußsatz: Frauen und Männer, gewachsen, ja, erwachsen geworden im Glauben, können nahezu alles tun, zumal gegen Fußmatte. Weil sie wissen, ihr Tun ist nicht alles. Und der Weg zum Leben, auch wenn er unter das Kreuz hindurch führt, muss - wie alles Gute - nicht erst erfunden werden, er wird gefunden in den Spuren, in der Nachfolge Jesu Christi. Amen.

[14]
„Es ist, was es ist“ - Predigt zu 1. Korinther 13,1-13
Ev. Kirchenzentrum Kronsberg Hannover
10. Februar 2013 - Estomihi

Liebe Gemeinde!

Als Biblische Lesung für den heutigen Letzten Sonntag vor der Passion haben wir eben den großartigsten Text gehört, den Paulus geschrieben hat: 1. Korinther 13, das ›Hohelied der Liebe‹. An der Schwelle zur Passionszeit soll es hinführen auf das Ziel des Lebens Jesu. 1. Korinther 13 spricht und zieht mich immer wieder in besonderer Weise an, dieses ganz große Stück Weltliteratur: Kaum zu übertreffen die sprachliche Schönheit. Unauslotbar die gedankliche Tiefe. Wirklich: ein "hohes Lied", das dem entspricht, wovon es spricht: dem Geheimnis des Lebens, der Liebe.

Rätsel soll man lösen. Aber Geheimnisse muss man stehen lassen. Denn sie sind es, die dem Leben Farbe und Tiefe geben, Charakter und Qualität. Darum kann diese Predigt nur ein An-Denken zum Weiter-Denken sein.

Was ist die Liebe? Paulus antwortet: Die Liebe ist alles. Denn ohne Liebe ist alles nichts. Also meint Paulus die Liebe in jeder ihrer Formen, wenn diese nur wahrhaftig sind. Damit macht er die anderen Qualitäten des Menschseins nicht schlecht: die Gabe der Einsicht in die Lebenszusammenhänge, die Gabe wissenschaftlicher Erkenntnis, die Bereitschaft zur Hingabe und zum Opfer, ja, selbst den Glauben, der Berge versetzen kann. Im Gegenteil: Das alles sind Gaben, mit denen wir Menschen unser Leben gestalten können. Paulus geht aus vom Kompetenz-Modell. Wir sind also keine Nichtsnutze. Ohne Liebe aber nutzt das alles nichts. Ohne Liebe bleibt jedes Wissen, jede Wahrheit kalt. Erst die Liebe macht ein Tun zur guten Tat – und den Kenner zum Könner.

Aber wir sagen doch: „Die Hoffnung stirbt zuletzt“!? Ja, nichts kann uns so lange am Leben halten wie die Hoffnung. Wenn aber nichts, gar nichts mehr zu hoffen ist? Dann kann dir auch der Glaube verloren gehen. Die Liebe aber bleibt. Gerade einen Menschen, bei dem weder etwas zu hoffen noch zu helfen ist, werden wir lieben - wie dieser Mensch es braucht.

Dieses Unerklärbare, Unbeschreibliche und doch Wahre der Liebe hat der Dichter Erich Fried in seinen „Vorübungen für Wunder“, zuerst erschienen bei Wagenbach in Berlin 1987, in eigene Worte gefasst (S. 73). Keineswegs will er sagen, wie es ist, sei alles in Ordnung. Er will aber ausdrücken, dass die Liebe tiefer blicken lässt, dass sie ganz eigene Erkenntnis- und Lebensmöglichkeiten eröffnet:

Es ist Unsinn
sagt die Vernunft
Es ist was es ist
sagt die Liebe

Es ist Unglück
sagt die Berechnung
Es ist nichts als Schmerz
sagt die Angst
Es ist aussichtslos
sagt die Einsicht
Es ist was es ist
sagt die Liebe

Es ist lächerlich
sagt der Stolz
Es ist leichtsinnig
sagt die Vorsicht
Es ist unmöglich
sagt die Erfahrung
Es ist was es ist
sagt die Liebe

Paulus schreibt: *Nun aber bleiben Glaube, Hoffnung, Liebe, diese drei; aber die Liebe ist die größte unter ihnen.* Ein beliebter Hochzeitstext. Er ist dann der richtige, wenn klar ist: Es geht um mehr als um romantische Empfindungen. Es geht um den Grund, der tiefer reicht als jeder Abgrund. Die Liebe ist - Gott. Also geht es statt um das, was wir tun, um das, wovon wir leben wie der Fisch im Wasser, was immer schon um uns ist. Um den Grund unseres „empfänglichen und selbsttätigen Daseins", wie es vor 200 Jahren der große Theologe und Philosoph Friedrich Schleiermacher gesagt hat, der übrigens mit einer schweren Behinderung zurechtkommen musste.

...und hätte die Liebe nicht.... Haben wir sie oder haben wir sie nicht? Die Abgründe von Missgunst und Gewalt sprechen gegen sie. So denken viele Menschen, sie sei unerreichbar, sie müssten sie immer vermissen. Darum trauen sie sich wenig zu - und anderen noch weniger. Als hätten sie eben das verloren, was sie am meisten brauchen. Dann aber bleibt immer alles beim Alten. Für Paulus, der ebenfalls mit schwerer Krankheit zurechtkommen musste, ist die Liebe da in Jesus Christus. Alles das, was er der Liebe zuschreibt, ist Christus: die Liebe in Person. Ja, überall wo Liebe steht, könnten wir Christus einsetzen - zum Beispiel so: *CHRISTUS ist langmütig und freundlich... CHRISTUS sucht keinen Vorteil und wird nicht bitter durch dunkle Erfahrung. CHRISTUS rechnet niemandem Böses an, trauert über das Unrecht und freut sich über die Wahrheit. CHRISTUS trägt alles und ist die Quelle allen Glaubens, aller Hoffnung, aller Liebe....*

Also müssen wir die Liebe weder vermissen noch ist sie wie eine Sache vorhanden! Sie ist auch keine Tugend, die wir uns aneignen könnten. Wir können uns nur von ihr ergreifen lassen. Denn sie ist uns geschenkt - geschenkt in Christus. Vertrauen wir uns also Christus an! Lassen wir sie bei uns zu: seine Liebe, die uns zur Liebe bewegt! Sein Leben war früh, viel zu früh zu Ende. Aber es hat zu einem Ziel geführt: zur Liebe, die sich in seiner Lebenshingabe zeigt.

In einem schlauen Buch las ich neulich wieder, es gebe die Religion, es gebe den Glauben an Gott, weil wir Moral brauchten, Werte, die uns Orientierung geben. So singt es auch Herbert Grönemeyer, den ich ansonsten sehr schätze, in seinem Lied „Ein Stück vom Himmel". Nun, ich kann und will die Notwendigkeit und den Nutzen der Moral, der Ethik, der Zehn Gebote als Leitplanke für ein verantwortliches Leben in gar keiner Weise herabsetzen oder gar leugnen. Aber den Glauben und Gott auf Moral, Ethik, Gebote zu reduzieren, ist völlig falsch und unbiblisch. Religion, Glauben, Gott gebe es nur wegen der Moral - diese Auffassung ist schlicht Unsinn. Das merkt, wer die Bibel liest. Die Menschen, denen wir sie verdanken, haben Gott als Gegenwart erfahren! Als das Sein selbst, als Mitte ihres eigenen Daseins in Freude und Leid, in Zustimmung und Widerspruch! Als Leben schlechthin, in all seinen paradoxen Spannungen, im Gegenüber von Sinn und Sinnlosigkeit! Dafür hatten sie keinen anderen Namen als JHWH, d. h. ICH-BIN-DA. In diesem Namen werden immer wieder neu berufen ganz unmoralische Leute, deren Lebensführung oft in eklatantem Widerspruch zu den Geboten steht, Welt und Leben zu gestalten. Adam und Eva, die sich gegenseitig beschuldigen; Kain, der seinen Bruder Abel erschlug; Moses, der ebenfalls ein Totschläger war; David, der jede Hinterlist kannte und keinen Ehebruch scheute; Petrus, der Jesus feige verleugnete; Maria Magdalena, die, wenn es denn stimmt, eine zwielichtige Vergangenheit gehabt haben soll! Sogar der Stammbaum Jesu, wie der Evangelist Matthäus ihn überliefert, ist voll von Menschen, die gehörig etwas auf dem Kerbholz hatten! Außer der anderen Maria, der Frau des Joseph aus Nazareth und Mutter Jesu, hatte niemand eine reine Weste! Und manche Propheten wollten, wie Jeremia, sich der Gegenwart des ICH-BIN-DA entziehen, wollten Gott los werden! Doch gerade Menschen, die kein Vorbild im Glauben und der Moral sind, werden Zeichen dieser Gegenwart, in der eben auch das geliebt ist, was sich von ihr trennen will. Paulus selbst hatte unbescholtene Christen vors Gericht gezerrt und neigte wohl zu Zornesausbrüchen. Auch nachdem er Christ geworden war, blieb er bisweilen weit hinter den Erkenntnissen zurück, die ihm bereits zuteil geworden waren, z. B. in seinen Aussagen zu Frauen. Paulus musste immer wieder neu Christus bei sich, in sich zulassen!

Und käme es auf *mein* Gutsein an, *meine* Moral, *meine* Ethik, könnte ich hier gar nicht stehen als Pastor. Welchen Sinn haben dann die Gebote? Sie weisen Wege zu einem Leben in Liebe, aus der Verantwortung erwächst. Sie sind kein Zwang, sondern Hilfe zum Leben auch mit denen, mit denen wir es schwer haben: Dass auch sie etwas von der Liebe spüren, die uns trägt, die jeder Moral voraus und der jedes zensierende Moralisieren fremd ist. Der Bibel gemäß an, biblischer wäre zu sagen: in Gott zu glauben, heißt eben dies: aus dem Quellgrund der Liebe zu leben, auch wenn alles schief gehen sollte. Sich in der Kraft der Liebe zum Leben berufen zu wissen - das ist Glauben. Darum geht es in der Religion. Und damit, wenn schon dieser kalte Begriff aus der Ökonomie herangezogen werden soll, um den „Wert", der jenseits jeder Verwertbarkeit steht. Um den Mehrwert, der in keinem Mehrwert enthalten ist.

Da ist noch etwas, was mich derzeit sehr beschäftigt. Paulus bringt doch tatsächlich Liebe mit Wissen zusammen. Unser Wissen sei *Stückwerk*, unsere Kenntnisse und Erkenntnisse seien nur Splitter, kleine Mosaiksteinchen eines großen Ganzen. Paulus nennt es das *Vollkommene*, das uns in unserem Leben verborgen sei. Erst wenn das *Vollkommene* selbst sich uns zeige, werden wir das große Ganze erkennen - und auch uns selbst im rechten Licht sehen, uns selbst nicht mehr verborgen und fremd sein. Dann werden wir *erkennen*, wie wir *erkannt sind*. So Paulus.

Warum denke ich derzeit besonders darüber nach? Anfang Mai soll ich auf dem Evangelischen Kirchentag, der in Hamburg stattfindet, einen Vortrag halten zu dem Thema: „Wissenschaft als Welterklärung?" Mein Dialogpartner ist ein Biologie-Professor, der die Wissenschaft für die einzig statthafte und umfassende Erklärung von Welt und Leben hält. In vielen Büchern begründet er Liebe von ihrem Nutzen in der Evolution her, jede Form von Religion bzw. Glauben lehnt er als unwissenschaftlich ab.

Welche Position soll ich im Dialog mit ihm vertreten? Hat jemand eine Idee, einen Vorschlag?

Derzeit überlege ich Folgendes: Paulus zufolge ist Wissenschaft in ihrer rationalsten und radikalsten Form nötig und unverzichtbar. Aber kann sie das Lebensganze ganz erklären? Wird sie jemals an das Geheimnis von Welt und Leben heranreichen? Sie ist doch immer nur ein Teil dieses Ganzen. Die Wissenschaftsgeschichte zeigt: Mit jedem Wissenszuwachs wuchs auch das Nichtwissen. Wir können das Raumschiff Erde, das weder für unseren Müll noch für unser Denken einen zweiten Ausgang hat, eben nur von innen betrachten, niemals von außen. Dasjenige, wovon wir leben, ist immer umfassender, weitreichender als unser Verstehen. Wissenschaft ist also nötig zur Welterklärung - und da ist die Bibel auf gar kein bestimmtes Modell festgelegt. Sie will verstehen – und erklären nur, soweit es überhaupt zum Sinnverstehen nötig ist. Wissenschaft kann die Welt nur unvollständig erklären, sie bietet Modelle, die auf einer ‚höheren' Ebene wieder in neue Modelle einfließen. So ist es ja mit der Relativitätstheorie Einsteins, der

Quantenphysik nach Niels Bohr, die beide nach derzeitigem Kenntnisstand noch unvereinbar sind, und der Evolutionsbiologie, deren Grundlage Charles Darwin gelegt hat.

Von diesen Theorien bin ich fasziniert. Ich akzeptiere sie als derzeit geltende Weltmodelle. Aber sie lassen mich kalt, wenn es um die heißen Dinge des Lebens geht, um Glück und Unglück, um Lust und Schmerz, um die Träume und die Freude und ebenso das „untröstlich Ungetröstete", um das Gelungene und das, was ich schuldig geblieben bin: anderen vor allem, aber auch mir selbst. Es hieße doch, eine Person in ihrem Innersten und Eigensten zu verhöhnen, sie seelisch zu misshandeln, ihre Trauer und ihren Zorn, ihr existentielles Ringen um Verstehen und Sinn Tag und Nacht zu beleidigen, wollte man ihr in schwerem Leid, z. B. beim Tod eines kleinen Kindes, mit Erklärungen aus dem Wissensschatz der Evolutionsbiologie kommen. Dieser Wissensschatz gehört zum Lebenswissen dazu. Aber welche Lebensgewissheit vermöchte er zu begründen, vermitteln und erneuern?

Und dann: In einer Zeit, in der aufgrund unseres Wissens die Macht des menschlichen Tuns kaum mehr Grenzen kennt, muss erinnert werden an die maßlose Verwundbarkeit von allem Lebendigen. Seit wir in die Evolution eingreifen, seit wir den Menschen selbst zur Ressource und zum Renditeobjekt machen, geht es um die Verantwortung für die Zukunft des Lebens überhaupt. Angesichts der modernen Biomedizin und Genetik werden wir das Anrecht eines jeden Menschen auf Ungeplantheit verteidigen müssen - und das heißt: die Freiheit des Menschen. Zu alledem brauchen wir Liebe, die stärker ist als unsere wissensgestützte Macht und unser machtförmiges Wissen.

Beschränkt sich denn unser Leben auf Energieumwandlung und Informationsaustausch Bit für Byte? Oder ist es mindestens ebenso, vielmehr gerade darin Widerfahrnis, Hineingestelltsein in diese Welt, Erlebnis und Erfahrung von ganz eigener Art, ganz eigenem „Stoff"?! Für all das Fassbare und das Unfassbare, das Bestimmbare und das Unbestimmbare steht die Liebe. Sie ist Ursprung und Ziel auch all dessen, was wir durch Wissenschaft wissen. Was spricht, selbst wenn sie evolutionsbiologisch beschrieben werden kann, dagegen, sie als die Sinnmitte des Lebensganzen zu betrachten und sich an ihr zu orientieren? Wenn wir sagen, Gott sei die Liebe, ist Gott kein Begriff für etwas Dinghaftes in der Welt, sondern ein Name. Der Name ‚Gott' ist, zumal wo uns das Unerbetene, Unerwartete, Unverfügbare in die Quere kommt, gleichsam eine „dichte Beschreibung" (Clifford Geertz) für das Beziehungsnetz Leben, in dem wir leben und wie wir es als Personen erleben. Darum können wir immer nur personal denken, auch im Blick auf ‚Gott'.

Personales Sein ist Nennen des Namens. Schon Neugeborenen geben wir einen Namen, in dem sich alle unsere Beziehungen zu ihm verdichten. Im Namen begegnet uns ein Mensch, spricht ein Mensch uns an und lassen wir uns ansprechen und sprechen wir ihn an. So ist es auch mit Welt und Leben. Im Namen sprechen wir das Besondere, das allem Lebendigen eignet, auch wenn wir es als Teil einer Gattung sehen, an und aus, und zwar so, dass das Geheimnis alles Lebendigen ge- und bewahrt ist. Glauben bedeutet: den Namen nennen, in dem alle Namen versammelt sind, den Grundnamen ‚Gott', den Namen vor, in, mit und unter allen Namen! Der für das Ganze steht, d. h. nicht nur für das Gute und Genehme.

Vor allem in diesem Sinn geht es in Religion und Glaube nicht darum, Welt und Leben zu erklären, sondern zu verstehen. Zu unserem Weltwissen gehört die Kenntnis, wie alles entstanden sein und sich entwickelt haben mag. Dieses auch wirklich zu verstehen, ist eine eigene Aufgabe!

Darüber muss ich weiter nachdenken, es noch besser in Worte fassen. Für jede Anregung bin ich dankbar, auch für Widerspruch!

Zurück zu Paulus, seinem wahrlich „hohen Lied": Keine Liebe, wie wir sie erleben, erfüllt uns ganz. Jedes gelungene Werk treibt uns zu weiteren an. Die Unruhe, das Verlangen bleibt. Nicht nur, weil unser Leben unvollkommen ist, sondern auch weil wir selbst offene Enden, Nerven-Enden vom Geheimnis des Lebens, von der Liebe sind. Wir können nicht leben, nur weil sich unsere Eltern ein Kind wünschten - oder auch nicht. Wir müssen glauben dürfen, dass wir vom Grund der Welt gewollt sind, dass unser Leben im Geheimnis von Welt und Leben beschlossen ist: in der Liebe, die uns liebt - und die wir geben können.

Du kennst Lieblosigkeiten, Angst und Selbstzweifel die Menge. Aber auf dem Grund deines Selbst wärmt dich die Gewissheit: da ist eine Liebe, die sich nie verbraucht, die dich braucht. Auch wenn du keine Liebe hast - die Liebe hat dich. Nenne sie Gott, nenne sie Christus oder lasse den Namen, die sie für dich hat, dein ganz persönliches Geheimnis sein. Doch schöpfe aus dieser Quelle des Glaubens und der Hoffnung: Du taugst zur Liebe, du wirst gebraucht mit deiner Liebe im Meer der Liebe Gottes - für heute, auf immer, auf ewig. Amen.

[15]
„»Bitte geben Sie Ihre PIN ein!«" - Predigt zu Galater 2,16-21
Ev. Kirchenzentrum Kronsberg Hannover
27. August 2006 – 11. Sonntag nach Trinitatis

Zunächst bitte ich Sie, *liebe Gemeinde,* doch einmal in ihrer Brief- oder Handtasche nachzuschauen, ob Sie eine Ihrer Cards bei sich haben. Einen Moment bitte, gleich habe ich sie: meine Bank-Card. Da ist sie! Was brauche ich, um mit ihrer Hilfe Geld aus dem Automaten zu bekommen? Genau, meine Geheimzahl! Die sollte ich im Kopf behalten. Denn wenn ich sie dreimal falsch eintippe, verschwindet sie im Schlitz des Bankautomaten. Dann schaue ich nur noch entgeistert hinterher - und muss mir am nächsten Tag viel Mühe geben, um sie von der Bank zurückzubekommen. Die codiert mich dann um. Damit ich für den Bank-Computer eine neue Identität habe.

Eine solche Identität brauche ich auch, um mein Handy benutzen zu können: meine PIN: „Personal Identification Number" - „Persönliche Identifikations-Nummer". Zu jeder unserer Cards, die einem heute von allen möglichen Einrichtungen zugesteckt werden, gehört eine eigene PIN. Im Blick auf meine vielen Cards und PIN-Codes denke ich manchmal: Du bist entweder eine ganz bedeutende Persönlichkeit, für die ein PIN nicht ausreicht, oder ein ganz unbedeutender Mensch, dem man viele verschiedene PINs geben muss, damit er überhaupt etwas darstellt. Oder gar eine multiple Persönlichkeit: Du bist nicht nur Einer, sondern in dir selbst ganz Viele, ohne zu wissen, wer du wirklich bist. Nun ja, woher sollen die Computer, die das wahre Leben so wenig kennen, obwohl sie soviel können, sonst erkennen, wer ich bin?

„Persönliche Identifikations-Nummer". Persönlich identifizieren, als Persönlichkeit erkennen, kann man nur Menschen, die eine Identität haben. „Identität" - das ist das Thema unserer Zeit. Mit sich selbst identisch sein - identisch und authentisch: Du musst du selbst sein! Zeig doch, wer du bist! Werde ein Ich und lerne „Ich" zu sagen! Um zu wissen, was du willst, musst du wissen, wer du bist! Und nur wer „Ich" sagen kann, kann auch „Du" sagen! Dazu muss allerdings das „Ich" von einem „Du" angesprochen sein!

Sollte die Forderung nach gelingender Ichbildung *das* Gebot, *der* Zwang, gleichsam *der* geheime Code unseres Zeitalters sein? Ist das vollkommene Selbstsein *die* Norm, der wir inzwischen alle unterworfen sind? Wer diesen Code nicht kennt, wer diese Norm nicht erfüllt, ist der ohne richtige PIN: seine Lebenskarte wird eingezogen, verschwindet in einem Schlitz?

Neulich sah ich eine Comic-Zeichnung: Ein Mensch begehrt Einlass am Himmelstor. Petrus: „Tut mir leid, aber wenn sie ihre PIN-Geheimzahl vergessen haben, kann ich sie nicht einlassen." Hat dieser Comic Recht? Nein, er hat Unrecht - wie wir von Paulus wissen.

Wo ich eben von PIN, Code, Norm sprach, spricht Paulus von den „Werken des Gesetzes". *Wie* er aber davon spricht, will er uns offenbar umcodieren und eine PIN geben, die uns unvergesslich bleibt. Ja, die uns unverlierbar macht. Die unsere Persönlichkeit so codiert, dass wir darin wirklich uns selbst erkennen und annehmen, also wirklich wir selbst sein können. Paulus sagt es in anderen, fremden Worten. Deren Fremdheit kann uns aber auf Naheliegendes und Notwendiges aufmerksam machen. Hier eine Versauswahl aus dem Predigttext für diesen Sonntag, dem Brief an die Galater, 2. Kapitel: *Doch weil wir wissen, dass der Mensch durch Werke des Gesetzes nicht gerecht wird, sondern durch den Glauben an Jesus Christus, sind auch wir zum Glauben an Christus Jesus gekommen, damit wir gerecht werden durch den Glauben an Christus...; denn durch Werke des Gesetzes wird kein Mensch gerecht. ... Ich lebe, doch nun nicht ich, sondern Christus lebt in mir. Denn was ich jetzt lebe..., das lebe ich im Glauben an den Sohn Gottes, der mich geliebt hat und sich selbst für mich dahingegeben. Ich werfe nicht weg die Gnade Gottes...*

Bevor ich den Gedankengang fortsetze, bin ich Ihnen eine Erklärung schuldig. Warum schreibt Paulus diesen Brief an Gemeinden in „Galatien", einem Gebiet in Kleinasien, also der heutigen Westtürkei? Worum geht es dem Paulus eigentlich? Geht es ihm wirklich um Identität, um Ichbildung und Selbstsein in unserem modernen Verständnis?

Auf den ersten Blick geht es schlicht um die Frage, ob eine Voraussetzung, ob eine äußere Bedingung erfüllen muss, wer Christ sein will. Durch die Christus-Predigt des Paulus gab es in Galatien lebendige Gemeinden, denen vor allem Griechen angehörten. Plötzlich tauchen Menschen auf, die behaupten: „Ihr seid noch gar keine Christen. Paulus hat euch in die Irre geführt. Denn er hätte euch erst zum Judentum bekehren müssen: dass die Männer erst einmal beschnitten werden, dass Männer und Frauen den Riten der jüdischen Religion folgen und alle mosaischen Gesetze befolgen." Eben diese Behauptungen und Forderungen weist Paulus vehement und massiv zurück. Fühlt er sich nur persönlich angegriffen - oder hat er einen Grund, der tiefer reicht als alle anderen Gründe?

Stellen wir Paulus auf die Probe - und überlegen selber: Was kann Christus noch für uns bedeuten, dürften wir uns „Christen" erst nennen, nachdem wir eine Reihe von Vorleistungen erbracht haben? Im eingangs gebrauchten Bild: Wenn wir erst einmal ein Konto mit beachtlicher Einlage errichten müssten, um eine PIN zu bekommen und unsere Card wirksam handhaben zu können? Paulus sagt: Durch eine derartige Vorleistung wird eine hohe Hürde errichtet vor dem, der alle Hürden zwischen Gott und Mensch beseitigt hat: Jesus Christus. In ihm ist Gott uns Menschen ganz nahe. Er hat unser Menschsein ganz und gar durchlebt und durchlitten und so mit Gott verbunden. Deshalb braucht niemand mehr eine hohe Hürde zu überwinden, um seine unteilbare und unverlierbare Würde zu erkennen. Er kann sich als Mensch anerkennen und annehmen, weil er von Gott schon anerkannt und angenommen ist.

Über den Code der Moderne aus dem Spracharsenal der Sozialpsychologie, über Worte wie „Identität", „Ichbildung", „Selbstsein", „Subjektivität" hätte Paulus sicher nur den Kopf geschüttelt. Und doch ist er zum Vorbereiter und Impulsgeber der Moderne geworden. Auf dem Gebiet des Religiösen nämlich hat er eine Revolution eingeleitet. Stellten bisher bestimmte Qualitäten, die aus Herkunft, Stand oder Geschlecht abgeleitet wurden, sowie festgelegte Riten und Regeln, die es einzuhalten galt, den Code für die Zugehörigkeit von Menschen zu einer bestimmten Gruppe oder Gemeinschaft und damit die Grundlage für ihr Menschsein dar, hatten gleichsam alle ein und denselben PIN, so kehrt Paulus die Verhältnisse um. Ihr unmittelbares Anerkannt- und Angenommensein von Gott, die Gnade, die ihnen voraussetzungs- und bedingungslos geschenkt ist, gibt ihrem Menschsein Würde und begründet ihre Zugehörigkeit. Die Gnade: was kommt, ohne geschuldet, ohne durch mich selbst verursacht zu sein!

Christen sind wir nicht, weil wir erst etwas tun müssten. Christen sind wir, weil Gott etwas für uns getan hat, das wir an uns geschehen lassen. Von daher gelangt Paulus zu der großartigen Aussage in Galater 3: *Hier ist nicht Jude noch Grieche, hier ist nicht Sklave noch Freier, hier ist nicht Mann noch Frau; denn ihr seid allesamt einer in Christus Jesus.* (Galater 3,28) Die Herkunft, der Stand, das Geschlecht - die gehören zwar immer noch zu unserem Menschsein, sonst wären wir ja nur leib- und leblose Schatten, aber begründet und qualifiziert wird unser Menschsein allein durch das bedingungslose Ja Gottes zu uns, wie wir es in Jesu unbedingter Hingabe vernehmen.

Das ist - von der religiösen Seite her - die Begründung der modernen Menschenrechte. Auch sie beruhen auf der voraussetzungs- und bedingungslosen Anerkennung des Menschen als Menschen. Damit wird zugleich fundamental allen Fundamentalisten widersprochen, die die menschliche Würde an eine bestimmte Lebensweise binden.

Paulus blieb selbst noch oft genug hinter seiner grundlegenden Einsicht zurück, vor allem im Blick auf die Frauen; wie wir übrigens alle hinter vielen unserer guten

Einsichten zurückbleiben. Gleichwohl hat er mit seiner Glaubenserkenntnis eine elementare Wahrheit freigelegt und bekräftigt. Unter Menschen gilt ja erst einmal die Regel: Leistung kommt vor Anerkennung. Im normalen Leben verdiene ich mir Anerkennung durch Leistung. Wäre es anders, wozu sollte ich mir noch Mühe geben, meine Begabungen in das menschliche Miteinander einzubringen? Und doch liegt dieser notwendigen Lebensregel eine andere, die genau entgegengesetzte Erfahrung voraus und zugrunde: Anerkennung kommt vor Leistung. Denn bei Licht besehen bin ich doch, was ich bin, weil Menschen mich anerkannt haben und anerkennen, einfach weil ich da bin. Die Anerkennung, die uns voraussetzungslos - um unserer selbst willen - zuteil geworden ist, ist die Voraussetzung für unsere späteren Leistungen, aus denen wir Anerkennung beziehen. „Ich" sagen kann jemand doch nur, wenn jemand längst schon „Du" gesagt und damit eben dieses „Ich" gemeint hat! Wie eine Mutter mit ihrem Kind spricht, bevor sie seine kleinen Fußtritte und Armstöße in ihrem Bauch spürt! So bildet sich unsere Ichstärke aus der Liebeskraft, in die sie eingebettet ist.

Paulus tritt also vehement dafür ein, dass die Menschenwürde gegeben ist, bevor die erste Lebenshürde genommen werden kann und unabhängig davon, wie später alle anderen Lebenshürden gemeistert werden. So ist er in der Tat ein Wegbereiter für die Moderne. Dazu hat 15 Jahrhunderte später Martin Luther Wesentliches beigetragen, dessen reformatorische Erkenntnis in der Wiederentdeckung des Paulus bestand. Aber was sind die beiden, Paulus und Luther, für Vorbereiter und Impulsgeber, wenn sie dem, was sie vorbereiten, gleichzeitig radikal widersprechen? Ja, genau an der Stelle, wo Paulus - und mit ihm später Luther - die Moderne einläuten, widersprechen sie ihr. Heute werden Ichbildung und Ichstärke doch so verstanden, dass jeder sich selbst seine PIN gibt, dass jeder das Drehbuch seines Lebens selbst schreibt. Zeitgemäß wäre doch das Motto: „Sorge nur jeder für sich selbst, dann wird schon für alle gesorgt sein!" Oder auch: „Verdiene statt zu dienen!"

Dagegen kann man sich etwas Unzeitgemäßeres kaum vorstellen als diesen Satz des Paulus: Ich lebe, doch nun nicht ich, sondern Christus lebt in mir. Wie kann jemand derart vormodern sein, dass er sich das Drehbuch seines Lebens von jemand anderem schreiben lässt? Dass er - jetzt wird das Bild etwas schief - auf eine eigene PIN verzichtet und CHRISTUS seine PIN sein lässt? Oder hat er die Moderne schon überholt, bevor diese begonnen hat? Paulus - und mit ihm wieder Luther - muss etwas geahnt haben von der großen Gefahr, die hinter dem modernen Identitäts-Konzept lauert: dass sich die vielen Ichs verabsolutieren und isolieren und am Ende kollabieren. Lebt aber *Christus in dir*, ist das wahre und unvergängliche

„Du“ in dir lebendig und wirksam, in dessen Kraft du immer neu „Ich“ sagen kannst. Gleichzeitig bist du des Zwangs enthoben, ein vollkommenes Ich zu sein. Denn in der Kraft dessen, der am Kreuz seine Ichstärke im Unvollkommenen und Unvollendeten seines Lebens unter Beweis gestellt, indem er ganz und gar aus der Anerkennung durch Gott gelebt *hat*, bildet sich gerade angesichts der Bruchstücke und Trümmer deines Lebens die wahre Ichstärke heraus. Aus Christi Dasein für andere erkennst du auch, wie sehr du das Gesicht der Anderen brauchst, um ein eigenes Gesicht zu bekommen. Wer braucht mich? Wer will mich? Wer liebt mich? Wer könnte denn diese ewigen Lebensfragen aus sich selbst heraus beantworten?! In Christus sind sie beantwortet.

Worauf also baut Paulus sein Leben auf? Auf die Liebe, die keine Voraussetzung und Bedingung kennt, die um des geliebten Wesens selbst da ist. Die unbedingte Liebe, wie sie ihm in Jesus Christus und seiner Lebenshingabe begegnet. Damit beruht Paulus‘ Glaube - der christliche Glaube überhaupt - auf einen zwanglosen Zwang. Mit der Liebe ist es nämlich so: Ich kann nicht anders als mich von dem geliebten Wesen ansprechen und anziehen zu lassen. Ich müsste einen gewaltigen Zwang auf mich ausüben, wollte ich mich von ihm abwenden. Also werde ich erst frei, wenn ich mich ungezwungen dem Bezwingenden hingebe. Ja, Liebende werden erst frei, wenn sie sich dem geliebten Wesen ganz anvertrauen. Kraft solchen zwanglosen Zwangs bildet sich Identität, lernt ein Mensch ein „Ich“ zu sein, ohne in der Sorge um das eigene Selbst stecken zu bleiben. Zu solchem „Ich“ sagen andere gerne „Du“. In diesem Sinn lässt Paulus sich das Drehbuch seines Lebens getrost von Christus schreiben. Er hat eine PIN, die für unsere unverlierbare Identität steht. Paulus bietet sie auch uns an - als Schlüssel für Zeit und Ewigkeit.

Ich lebe, doch nun nicht ich, sondern Christus lebt in mir. Davon erzählt der schwedische Film „Wie im Himmel“. Diesen wunderbaren Film müssen Sie sehen! Ein Junge in einem kleinen Dorf in Nordschweden wird aufgrund seiner besonderen Art gehänselt und geschlagen. Seine Mutter zieht mit ihm in einen anderen Ort. Dort wird er schon mit jungen Jahren ein berühmter Dirigent. Nach großen Erfolgen in aller Welt ist er völlig ausgebrannt. Als herzkranker Mann kehrt er zurück in seinen Geburtsort. Dort weiß man nur, dass er ein Dirigent ist. Der Pfarrer überredet ihn, den kleinen Kirchenchor zu leiten, will ihm aber bald das Kantorenamt wieder entziehen. Denn bevor er die sehr einfachen Leute auch nur einen Ton singen lässt, stellt er mit ihnen alle möglichen Körperübungen an. Durch die soll jedes Chormitglied erst einmal seinen persönlichen Ton finden, aber nicht isoliert, sondern im Kontakt einander, nicht einfach aus sich selbst heraus, sondern gleichsam vom Himmel: den für jedes Chormitglied bestimmten Ton aus der alle umgebenden Klangwelt in sich aufnehmend. Dabei zieht er schuldlos Zorn und Verdächtigungen auf sich. Denn Menschen, die bisher immer gedeckelt wurden, lernen, weil sie gemeinsam ihren je persönlichen Ton finden, auch ihr eigenes Leben zu leben. Nach geraumer Zeit singt der vorher so gehemmte und erbärmliche Chor befreit und schön. Gegen den inneren Widerstand des Dirigenten nimmt er an einem Chorfestival in Salzburg teil. Weil der Dirigent zum Auftritt seines Chores zu spät kommt, hastet er die Treppen zum Konzertsaal hoch, erleidet dabei einen weiteren Herzinfarkt, schleppt sich, weil er Wasser braucht, in eine Toilette. Dort bricht er endgültig zusammen, hört aber noch über den Lautsprecher, wie sein Chor ohne ihn singt. Ausgerechnet das geistig behinderte Chormitglied hat einfach begonnen, seinen persönlichen Ton zu singen - und der Chor und bald alle anderen Festivalchöre singen mit. So erklingt ohne Plan und Programm durch irdische Stimmen eine himmlische Musik. Der Dirigent Daniel Daréus aber lebt nicht mehr sein eigenes Leben. Er lässt sich tragen und durchströmen von einem ganz anderen Leben, das ihn klangvoll erfüllt. Je mehr er sich einzig noch diesen Klängen anvertrauen kann, erfüllt sich, mitten in seinen Todeskrämpfen, seine eigene Idee von Musik und menschlichem Miteinander. Wie im Himmel - dem du schon ganz nahe bist, wenn Christus in dir ist und mit Christus die Liebe. Amen.

[16]
„Ginkgo Biloba" - Predigt zu 1. Johannes 4,7-12+16b
Ev. Kirchenzentrum Kronsberg Hannover
10. August 2008 - 12. Sonntag nach Trinitatis

Dieses Baum's Blatt, der von Osten / Meinem Garten anvertraut, / Gibt geheimen Sinn zu kosten, / Wie's den Wissenden erbaut.

Ist es *ein* lebendig Wesen, / Das sich in sich selbst getrennt? / Sind es *zwei*, die sich erlesen, / Dass man sie als *eines* kennt?

Solche Frage zu erwidern, / Fand ich wohl den rechten Sinn: / Fühlst du nicht an meinen Liedern, / Dass ich eins und doppelt bin?

Liebe Gemeinde!

Johann Wolfgang von Goethe. Ein Gedicht aus dem West-Östlichen Diwan: Ginkgo Biloba. Ich habe ein Blatt mitgebracht. Von dem Ginkgo-Baum, der auf der Terrasse der Pfarrwohnung steht. Er hat es dort schwer: zuviel starker Wind - und in diesem Sommer wenig Regen und viel Sonne. Dennoch, er treibt neue Blätter!

Für eine Weile folge ich nun Siegfried Unseld, der das schöne Insel-Buch 1188 „Goethe und der Ginkgo. Ein Baum und ein Gedicht" (Frankfurt/M. und Leipzig 1998) geschrieben hat:

Der Ginkgo gilt als das älteste lebende Fossil der Pflanzenwelt, entstanden vor etwa 290 Millionen Jahren in Ostasien, einerseits Laubbaum, andererseits Nadelbaum: ein Baum vor den Bäumen, die wir kennen. Im Chinesischen bedeutet sein Name „Silberne Aprikose“; Biologen nennen ihn „Fächerbaum“.

Wann hat Goethe den Ginkgo kennengelernt? Der Baum kam durch holländische Seefahrer 1730 nach Europa, 1750 nach Deutschland. Goethe kannte ihn sicher seit 1780, als Gingkos in der Weimarer Orangerie Belvedere angepflanzt wurden. Dieser Baum hat sogleich Goethes Naturforschungen angeregt - und avancierte bei ihm zum Paradebeispiel für seine Naturphilosophie: Die Natur ist das in zahllose gewachsene Wesenheiten Geteilte, das auf ein Ungeteiltes zurückgeht.

Seht nur, wie das Ginkgo-Blatt eines ist und sich als dieses Eine verzweigt! Ist es *ein* lebendig Wesen, / Das sich in sich selbst getrennt? / Sind es zwei, die sich erlesen, / Dass man sie als *eines* kennt?

Wie die Natur, so auch die Dichtung - und so auch die Liebe: verschiedene Wesenheiten aus einem Wesen, Unterschiedenheit im Verbundensein. Wie keinem anderen sonst gibt sich dieses Geheimnis des Lebens kund - dem Dichter. Gibt geheimen Sinn zu kosten, / Wie's den Wissenden erbaut: ihm, dem Dichter, wenn er ein Naturkundiger und ein Liebender ist.

Sind es *zwei*, die sich erlesen, / Dass man sie als *eines* kennt? Solche Frage zu erwidern, / Fand *ich* wohl den rechten Sinn: / Fühlst du nicht an *meinen* Liedern, / Dass *ich* eins und doppelt bin? Goethe selbst ist es, der das Geheimnis des Lebens, des Eins- im Doppeltsein erschließt. Wem denn? Nicht seiner Christiane Vulpius. Die hütet, wie immer, auch im Sommer 1815 das Haus in Weimar und kümmert sich um das Theater. Goethe weilt in Heidelberg. In den Sommernächten - auf dem Heidelberger Schloss, wie die Welt Jahrzehnte später durch sie erfährt - widmet sich der 66-jährige Dichter der 31-jährigen Marianne von Willemer, Ehefrau seines besten Freundes Johann Jakob von Willemer - und widmet *ihr* das Ginkgo-Gedicht.

Marianne ist die Suleika in Goethes West-östlichem Diwan, in dem er das Ginkgo-Gedicht platziert - zusammen mit einigen wunderschönen anderen Gedichten von Suleika. Jene Suleika ist Marianne, die selbst wunderbar dichtete. Nur hat der große Liebende Johann Wolfgang, der geadelte Dichter es an der Größe und dem Adel fehlen lassen, den Namen seiner Geliebten Marianne als Mitautorin zu erwähnen. Er blieb nicht der einzige Mann, der seine Liebe verschwieg, als es um Ehre und Geld ging.

Anders Heinrich Heine. Indem er sein Liebesleben ironisierte, hat er das Zwiespältige in der menschlichen Liebe bedichtet. Der Ironiker sucht keine ewigen Wahrheiten, sondern begehbare Wege zu einer Welt, die wenigstens *etwas* besser ist. Folgendes kurzes Gedicht vermag sowohl Liebesgefühle wie Naturbewunderung abzukühlen. Vielleicht sollte - im Blick auf Goethes innere Zustände - das Fräulein ein Mann sein:

Das Fräulein stand am Meere / Und seufzte lang und bang, / Es rührte sie so sehre / Der Sonnenuntergang. / Mein Fräulein! Sein sie munter, / Das ist ein altes Stück; / Hier vorne geht sie unter / Und kehrt von hinten zurück.

Was hat die Dichterliebe mit der biblischen Botschaft zu tun? Aus der Biblischen Lesung, die wir vorhin im Vorgriff auf den 13. Sonntag nach Trinitatis gehört haben, zitiere ich nach der neuen Zürcher Bibel jetzt noch einmal wenige Verse: *...die Liebe ist aus Gott...; ...denn Gott ist die Liebe. Darin ist die Liebe Gottes unter uns erschienen, dass Gott seinen einzigen Sohn in die Welt gesandt hat, damit wir durch ihn leben. Darin besteht die Liebe: Nicht dass wir Gott geliebt hätten, sondern dass er uns geliebt...hat.*

In der Zürcher Bibel sind diese Verse sehr schön in Strophen gesetzt. Ja, auch die Frauen und Männer, der wir die Bibel verdanken, haben, weil sie etwas von der Liebe Gottes wussten, die Poesie der Liebe überhaupt gekannt. Einige Verse weiter fassen sie die Kernaussage allerdings in Prosa zusammen: *Gott ist Liebe, und wer in der Liebe bleibt, bleibt in Gott und Gott bleibt in ihm.*

Wer diese Worte wiederholt, dürfte eigentlich nur noch schweigen. Denn wer könnte es klarer, tiefer und - schöner sagen?! Nur zwei Aussagen kommen dieser gleich: Im Hohenlied Salomos heißt es (8,6b): *Denn stark wie der Tod ist die Liebe.* Und 1. Korinther 13, das Hohelied der Liebe, schließt Paulus: *Nun aber bleiben Glaube, Hoffnung, Liebe, diese drei. Die größte unter ihnen aber ist die Liebe.*

Könnte mehr über Gott gesagt werden - und gleichzeitig Wichtigeres, Dichteres, Tieferes über das Leben?! Mehr jedenfalls, liebe Schwestern und Brüder, habe ich in dieser Kronsbergkirche, ja, in meinem ganzen Berufsleben als Pastor weder sagen wollen noch überhaupt sagen können. Aber ich konnte es nur aus der Perspektive des 1. Johannesbriefs heraus sagen, von *Jesus Christus* her: *Darin ist die Liebe Gottes unter uns erschienen, dass Gott seinen einzigen Sohn in die Welt gesandt hat, damit wir durch ihn leben.* Meinem Berufswechsel zum Theologiestudium und den Pastorenberuf liegt eine Erfahrung zugrunde, die mich im Innersten erschütterte und ergriff: Du kannst von Gott nicht reden, aber du darfst von Gott nicht schweigen. Weil du von der Liebe sprechen musst, die in Jesus Christus ist. Liebe ist dort wirklich, unüberbietbar, vollendet, wo jemand sein Leben für den anderen hingibt.

Solche Hingabe als freiwillige Aufgabe des Lebens wird uns nur in besonderen Extremsituationen - wie bei Dietrich Bonhoeffer - abverlangt. Doch es ist ja schon ein zutiefst achtbares „Stück“ Hingabe, wie Mütter sich sorgen um ihre Kinder, seien sie noch unmündig, seien sie erwachsen - auch wenn die Mütter nichts anderes in der Hand haben als die zweite Hand zum Beten!

Jetzt noch einmal mit anderen Worten: Ohne Jesus Christus wäre „Gott" für mich nur ein philosophischer Begriff, interessant vielleicht nur durch den bebenden Zorn, den „Gott" erzeugt, wenn ein schweres Geschick sich quer zu unseren Lebensplänen stellt, wenn alle Wasser dieser Welt über uns zusammenschlagen. Ihr kennt, Schwestern und Brüder, genug Beispiele dafür.

Jesus Christus hat sich selbst in diese Strudel hineinziehen lassen. Er ist dort, wo die schweren Ruder gehen, die ganz schweren - für mich als am Wasser und mit Schiffen aufgewachsener Mensch ein einleuchtendes Bild. Wer so in die Tiefen geht, vorausgeht, mitgeht, in dem wohnt eine Liebe, die ich nur göttlich nennen kann. Die Endlichkeit, die im Tod ihren krassesten Ausdruck findet, kann doch nur aushalten, wer von einer unendlichen Liebe getragen ist! Auf den Höhen des Lebens, auf den Gipfeln der Liebe lassen sich Verbunden- und Einssein leicht postulieren. Aber in den Tiefen des Lebens, in Krankheit oder Schuld - da sind sie recht eigentlich zu leben, zu bewähren.

Nicht dass *wir* Gott geliebt hätten, sondern dass *er* uns geliebt hat! Das begann schon in Jesu Leben. Für ihn kam die Liebe vor der Moral. Er wusste: Kein Mensch kann etwas für sein Sein, höchstens etwas für sein Tun. Deshalb unterschied er strikt zwischen der Person und ihrem Werk. Darum hat er sich die Liebe von Sündern und Sünderinnen gefallen lassen, ohne Kommentar angenommen, wie die Liebe einer stadtbekannten Hure; ob sie das wirklich war, bleibe dahingestellt. Dadurch hat er den Menschen erst einmal ihre Furcht genommen und sie aus ihrem Selbsthass befreit. Im Raum dieser umfassenden, wirklich göttlichen Liebe haben Menschen sich neu entdeckt, alle Fesseln abgelegt und zu einem selbstständigen Leben gefunden. Die Liebe Jesu Christi verwandelt mir „Gott" von einem philosophischen Begriff zu einem Namen, wie „Jahwe" in der Hebräischen Bibel ein Name ist, *der* Name für das Sein selbst, das Dasein im Mitsein.

In der vergangenen Woche ist der katholische Theologe Johann Baptist Metz 80 Jahre alt geworden. Deshalb mache ich mir heute seine Worte zu eigen: Der Blick auf, das Denken von Jesus Christus her ist „memoria passionis", Erinnerung des Leidens und damit Eingedenken von geschichtlichem Leid, von Unrecht und Gewalt. Also alles andere als Leidverliebtheit, mystische Leidversunkenheit. Vielmehr, wie uns Dorothee Sölle eingeprägt hat, Mystik der Liebe, aus der Phantasie für das Leben erwächst. Mystik mit offenen Augen. „Memoria passionis": eine gefährliche Erinnerung, unzeitgemäß, unpassend, störend und verstörend. Ich bin überzeugt: Nur kraft dieser Erinnerung an Jesus von Nazareth wird die Kirche die

Halbierung des Christentums, der sie sich schuldig gemacht hat, erkennen und überwinden: Sie hat ihre jüdischen Wurzeln verleugnet und nimmt erst langsam wahr, dass Christus der gefolterte und der gekreuzigte Jude ist. Aber wo Christen diese Wahrheit nicht wahrhaben wollen, tun sie sich mit den unschuldigen Opfern schwerer als mit den schuldigen Tätern - und stellen sich so gegen das Evangelium.

Wann wird die Kirche, wann werde ich, der ich mit ihr so verwachsen bin, aufhören, die radikale Christusbotschaft zu einer therapeutischen Heimat-, Haus- und Herdreligion zu ermäßigen? Wann wird die Kirche in ihrer Gesamtheit sich mehr für die Gerechtigkeit gegenüber den unschuldig Leidenden als für die Erlösung der Schuldigen interessieren? Wann werden wir begreifen, dass erst in dem Augenblick, wo alle sich das Leiden des *Feindes* vorstellen können, Aussicht auf Frieden besteht?[7]

Ich spreche von meiner Kirche, in der ich selber aus mancherlei Rücksichtnahmen und aufgrund vieler menschlicher Schwächen mit dazu beigetragen habe, dass die Botschaft von Gerechtigkeit, Frieden, Liebe immer wieder halbiert wird.

Und was ist nun mit dem Ginkgo, mit Goethe und der Dichterliebe? Ich mag Goethe und Heine und all die anderen, ein Leben ohne sie ist mir unvorstellbar. Sie bringen mir eine wichtige Seite der Wirklichkeit nahe, machen empfindsam für Verborgenes und die ganz leisen Töne. Es gibt Wahrheiten, die nur die Kunst zu erschließen vermag, wodurch sie in die Nähe der Religion rückt. Aber das ist, zumindest in Goethes Deutung von Natur, Dichtung, Liebe, nur die eine Seite.

Bei Goethe meine ich einen Hang zur Selbststeigerung zu entdecken, die nicht mehr nach gerecht und ungerecht fragt, die sich, was freilich schon ganz viel ist, in Selbsterkenntnis und Naturgenuss erschöpft, aber Leiden und Tod verkennt. Goethe weigerte sich, zu seiner Frau Christiane ins Zimmer zu gehen, wenn sie dort krank lag. Er bleibt für mich der größte unter den Dichtern. Doch fehlte ihm die Größe, an Christianes Sterbelager zu treten und an ihrer Beerdigung teilzunehmen.

Was ich von Jesus Christus vernehme, was aus der Bibel auf mich zukommt, gehört doch ebenso zum Leben dazu und macht es auf eine ganz eigene Weise reich: Das Leben kann ein Fragment bleiben - und doch bleibt es in der Liebe, ja, gerade darin kommt mir die Liebe entgegen. Das bedeutet auch: Erst am beschädigten und hinfälligen Leben geht auf, was das Leben wirklich trägt! Gesundheit ist nicht die Abwesenheit von Störungen, sondern die Kraft, mit ihnen zu leben. Noch im entstellten Antlitz eines Menschen begegnet uns das Antlitz Jesu Christi. Jenseits aller Idealbilder, in dieser Liebe verbindet sich das Geteilte wieder zu einem Ungeteilten, sind aus dem Einen und Einenden heraus Vielfalt und Vielspältigkeit des Lebens aushaltbar und gestaltbar - und dass alle menschliche Liebe unvollendet bleibt. Wie bleibt sie Fragment, ein Bruchstück nur?! Sie kann abhanden kommen. Wo bleibt sie dann? Ihr Bleibendes *kann* sich dann so zeigen, dass jemand von der Liebe zu einem bestimmten Menschen Abschied nimmt und sich auf eigene Füße stellt. „I will survive...“, singt Gloria Gaynor. Als Pastor habe ich keineswegs selten erlebt, wie die Liebe selbst mit Füßen getreten wird. Aber sie steht, auch unerkannt, immer auf eigenen Füßen. Um das zu erkennen, können wir die Bibel lesen und dazu dieses Gedicht von Erich Fried zitieren:[1]

Noch einmal sprechen / von der Wärme des Lebens / damit doch einige wissen: / Es ist nicht warm / aber es könnte warm sein

Bevor ich sterbe / noch einmal sprechen / von Liebe / damit doch einige sagen: / Das gab es / das muss es geben

Noch einmal sprechen / vom Glück der Hoffnung auf Glück / damit doch einige fragen: / Was war das / wann kommt es wieder?

In diesem Sinn will ich, auch wenn ich in wenigen Wochen von Euch hier auf dem Kronsberg Abschied nehme, weiterhin die Bibel lesen und auslegen, Gottesdienst feiern, beten und Lieder singen - und dazu auch die Dichter nach der Liebe befragen. So lasst uns auf dem Weg zum Festsaal bleiben. Denn wir hören schon die Musik. Amen.

[17]
„Du Kind, zu dieser heilgen Zeit“
(Erinnerung an Jochen Kleppers 70. Todestag)
Ev.-luth. St. Johanniskirche Hannover-Bemerode
25. Dezember 2012 - Liedpredigt zu EG 50

Liebe Gemeinde!

In der geradezu protestantischen Nüchternheit des Weihnachtsmorgens haben Sie sich aufgemacht: in unsere weihnachtlich geschmückte St. Johanniskirche, zum Festgottesdienst. Uns alle, denke ich, verbindet ein Grundgefühl: Wir schätzen die Nüchternheit und Klarheit am Morgen dieses ersten Festtages.

Ja, die Nacht ist dem Tag gewichen. Die Kerzen haben Brennpause. Die Hirten sind zurück aufs Feld gegangen, an ihre Arbeit. Die Engel jubilieren wieder im Himmel. Maria, stelle ich mir vor, gibt dem Kind die Brust und wechselt ihm die Windeln. Und die Weisen aus dem Osten? Befinden sie sich noch auf dem Hinweg oder schon wieder auf dem Rückweg? Die Evangelien lassen uns im Unklaren, sie

[1] Erich Fried: Vorübungen für Wunder. Gedichte vom Zorn und von der Liebe, Berlin 1995², S. 28

wollen ja keine zeitlich genauen Berichte geben, wie wir sie heute durch die Medien hören und sehen - leider so, dass uns oft Hören und Sehen vergehen, zumal wenn aus dem Nahen Osten berichtet wird, aus Bethlehem, Nazareth, Ramallah, Gaza, Homs und Damaskus.

Wie viele Kinder werden - vielleicht nicht in Viehställen, aber - in zerschossenen Häusern und überfüllten Flüchtlingslagern geboren? Wie viele Frauen können nach der Geburt weder ihre Kinder noch sich selbst richtig waschen, weil es einfach kein oder kein sauberes Wasser gibt? Und wie viele Kinder haben keinen Vater, der wie Josef bei ihnen steht, ihnen beisteht, weil die Väter gleich nach der Zeugung abgehauen sind oder weil sie hunderte Kilometer entfernt in Kohle-, Erz- oder Diamantminen schuften müssen, gegen geringsten Lohn und mit Urlaub nur zu Weihnachten?

Der Klarheit am Weihnachtsmorgen entsprechen nahezu alle unsere Christfestchoräle. Sie orientieren sich an der ursprünglichen Tradition, in der statt der Weih-Nacht der Christ-Tag am 25. Dezember der eigentliche Festtag ist. *Das ewig Licht geht da herein, / gibt der Welt ein' neuen Schein, / es leucht' wohl mitten in der Nacht / und uns des Lichtes Kinder macht. Kyrieleis.* (EG 23,4) - in dieser eben gesungenen Liedstrophe ist mit Nacht keineswegs die Tageszeit gemeint, sondern unser Zustand, bevor das ewig Licht auch uns des Lichtes Kinder macht. Der Zustand der ganzen Welt. Der Zustand, in den hinein auch das Kind von Maria und Josef geboren wird. Von diesem Jesus ist zuallererst nur dieses Herbe gesagt: *...und sie gebar ihren ersten Sohn und wickelte ihn Windeln und legte ihn in eine Krippe; denn sie hatten sonst keinen Raum in der Herberge.*

Klar und knapp teilt der Evangelist Lukas es uns mit, Lukas 2 Vers 7. Eben diesen Vers hat der Dichter Jochen Klepper über sein Weihnachtslied geschrieben, das wir unter der Nummer 50 in unserem Evangelischen Gesangbuch finden. Es steht heute im Mittelpunkt meiner Betrachtung. Wir werden es nach der Predigt singen. Volker Gwinner hat die Melodie komponiert, im ungewöhnlichen 5/4-Takt. Doch gerade der verbindet einen stillen Ernst, der der Klarheit dieses Christfestmorgens entspricht - und zugleich seiner Wahrheit, nämlich einer Zielspannung, die von Geburt an das Leben Jesu bestimmt. Bitte hören Sie ein erstes Mal auf die kurze Melodie, die Sie im Gesangbuch unter Nummer 50 verfolgen können:

▷ Orgelspiel 1: Melodie EG 50

Nun möchte ich Sie mit der ersten Strophe dieses Liedes vertraut machen. Ohne Umschweife, in voller Klarheit lässt uns der Dichter auf das Kind blicken. Um dieses Kind geht es, einzig und allein. Das Christfest ist das Fest dieses Kindes, die *heilge Zeit* seine Zeit. Ja, dieses Kind macht diese Zeit zu einer *heilgen*. Durch sein Leid, dessen wir gedenken. Dieses Heilige ist das Heilsame, weil es in aller Klarheit die Wahrheit sagt: Es ist unsere Schuld, die das Kind in seinem Leid auf sich nimmt. Ohne uns müsste es dort nicht liegen: in einer Krippe, aus der das Vieh frisst. Wir haben ihm keinen Glücksweg bereitet.

Ich sage es in etwas anderen Worten als Jochen Klepper: Gott musste Mensch werden, damit wir wieder Menschen werden. Denn wir haben die Freiheit, die wir von Gott und für die Menschen haben, zur Freiheit gegen Gott und seine Menschen gekehrt, verkehrt. Wir verstehen Freiheit als Selbststeigerung statt als Selbstbegrenzung und als Verantwortung. - - - *Kyrieleison.*

Auf der Rückseite des Liedblattes finden Sie eine Übersicht über Leben und Werk von Jochen Klepper. Wie am 9. Dezember in der Neustädter Kirche und am 16. Dezember in der Döhrener Auferstehungskirche mit anderen Liedern Jochen Kleppers möchte ich auch heute seines Todes vor 70 Jahren, in der Nacht vom 10. auf den 11. Dezember 1942, gedenken. Jochen Klepper ist für unsere Kirche wichtig. Sein schweres Geschick! Seine 12 Lieder, mit denen er in unserem Gesangbuch vertreten ist! Darin stehen - in aufsteigender Reihenfolge - mehr Liedtexte nur von Nikolaus Herman, Martin Luther und, an erster Stelle, Paul Gerhardt. Zwei seiner am häufigsten gesungenen Lieder sind das Morgenlied *Er weckt mich alle Morgen...* (EG 452) und, wir haben es eingangs angestimmt, das Adventslied *Die Nacht ist vorgedrungen...* (EG 16). Weniger bekannt sind seine Weihnachtslieder, wie eben: *Du Kind, zu dieser heilgen Zeit...* Damit wir es kennenlernen, hören wir noch einmal die Melodie, und ich bitte Sie, dazu wieder in den Text zu sehen:

▹ Orgelspiel 2: Melodie EG 50

Mit *Schuld* meint Klepper die ganz persönliche Schuld von Menschen. Kein Mensch ist ohne sie. Zu Kleppers Zeit wird sie als politische Schuld erkennbar, gerade weil verboten ist, über den Hochmut, den Mutwillen und die Willkür des Nazi-Regimes öffentlich zu sprechen. Jochen Klepper, am 22. März 1903 im niederschlesischen Beuthen geboren, schreibt vor ziemlich genau 75 Jahren, um den 4. Advent 1937 herum, drei Weihnachtslieder, eines davon ist *Du Kind, zu dieser heilgen Zeit...*. Aber es ist heilge Zeit nur im Stall von Bethlehem, nur in diesem Kind selber. Die Zeit, die Klepper durchlebt, durchleidet mit Millionen anderen, ist zutiefst unheilig. Durch die verantwortungslose Großmachtpolitik Nazi-Deutschlands werden die Völker Europas immer mehr zu Feinden, werden immer mehr Gebiete dem Deutschen Reich einverleibt, wird die Herrschaft von Menschen über Menschen immer totalitärer und tyrannischer.

Die Nazi-Diktatur greift ein in die innersten Gebiete des Menschen, ihr Denken, ihr Fühlen, ihre Gewissen, ihre Seelen. Sie nimmt sich, was das Ureigenste,

Allerpersönlichste und Allerschützenswerteste eines Menschen ist und bleiben muss. Kleppers Anfang 1937 erschienener Roman »Der Vater« über den Preußenkönig Friedrich Wilhelm I., den Vater des »Alten Fritz«, genießt bei den Nazis und in der Wehrmacht höchste Anerkennung. Der nun wirklich vaterlandstreue Dichter selbst aber wird aus der Reichsschrifttumskammer ausgeschlossen. Zwar wird das Schreibverbot durch eine vorübergehende Sondergenehmigung gelockert, damit wird Klepper aber umso mehr der Zensur und der Kontrolle unterworfen, der Willkür und der Dummheit. Im Herbst 1937 beginnt für die Kleppers eine böse Zeit der Demütigung. Weil er mit der Jüdin Hannah, verwitwete Stein, verheiratet ist und 2 jüdische Stieftöchter hat, verliert er nach und nach alle Anstellungen beim Rundfunk und bei Verlagen.

Wie Deutschland immer eindeutiger den Weg in den Abgrund geht, so werden die Kleppers ins Verderben getrieben. Die älteste Stieftochter Brigitte kann noch nach England ausreisen. Aber im Herbst 1942 stehen die Zwangsscheidung und die Deportation des jüdischen Teils der Familie nach Auschwitz bevor. In dieser Ausweglosigkeit flüchten die Kleppers ganz und gar unter die Arme des »Segnenden Christus«. Sie werfen sich geradezu hinein in die Gnade Gottes. Sie geben ihr eigenes Leben, das sie ganz als Gabe Gottes annehmen wollen, dennoch preis um ihrer Treue, ihrer Liebe, ihres Glaubens willen. In der Nacht vom 10. auf den 11. Dezember 1942 öffnen sie am Küchenherd den Gashahn... Sie sind sich ihrer Schuld bewusst und weit entfernt von dem Gedanken, zu leiden wie Jesus Christus gelitten hat. Gleichwohl empfinden sie das Leid schon des Krippenkindes als Leid um ihretwillen, für sie und mit ihnen. Aus der Krippe wächst das Kreuz, an dem der segnende Christus hängt. Jochen Kleppers letzter Tagebucheintrag lautet: „Nachmittags die Verhandlung auf dem Sicherheitsdienst. Wir sterben nun - ach, auch das steht bei Gott. Wir gehen heute Nacht gemeinsam in den Tod. Über uns steht in den letzten Stunden das Bild des segnenden Christus, der um uns ringt. In dessen Anblick endet unser Leben.“ - - - *Kyrieleison.*

▷ Orgelspiel 3: Melodie EG 50

Kleppers ‚Weihnachts-Kyrie’ wird 1938 in der Gedicht- und Liedsammlung KYRIE des Eckart-Verlags abgedruckt. Darin spricht der Dichter von Schuld als der Gottesferne, in die alle Menschen geraten. Doch wer - wie er in den Strophen 2 und 3 - von einem Kind spricht, das liegt im armen Stall, über das der Urteilsspruch längst gesprochen ist - wer so spricht, widerspricht der nationalsozialistischen Ideologie eines Herrenmenschentums, das durch Gewalt die Verhältnisse ändern will, das sich das Recht anmaßt, nur weil es die Macht hat, und damit andere in Ohnmacht stürzt und sie ihrer Rechte beraubt, ihrer Menschenwürde, ihrer Freiheit. Im Kind, diesem Kleinen, Verletzlichen, Schutzbedürftigen ist wahres Menschentum, das sog. Herrenmenschentum wird entlarvt als blankes Heidentum, Unmenschentum, als das, was es tatsächlich war: Verbrechen an der Menschlichkeit. Darum ist von der Bibel, vom Evangelium, von unserem Herrn und Bruder Jesus Christus her alles abzulehnen und zu verwerfen, was sich als „nationalistisch" bezeichnet oder ausländerfeindlich oder antisemitisch gebärdet.

Jochen Klepper bezeichnet sich selbst als unpolitischen Menschen, er will ein „Stiller im Lande" sein, ein Dichter, der seine geistlichen wie seine weltlichen Werke aus dem Wort Gottes heraus dichtet. Seine Dichtung hat, gegen sein inneres Wesen, von den Umständen gezwungen, eine politische Dimension. Dabei hat Klepper nur die Wahrheit gesagt, namentlich die Weihnachtswahrheit, die bereits am Krippenkind erkennbar wird: das Kreuz ist dir schon aufgestellt. - - - *Kyrieleison.*

Diese Aussage bildet den Kern des ganzen Liedes. Die Krippe und das Kreuz sind gezimmert aus demselben Holz! Am Anfang der Stall, am Ende der Galgen! Was damals geschah, geschieht an jedem Christfestmorgen und jeden Karfreitag, bleibt keine Erinnerung an Gewesenes, sondern wird im Gedenken zur Gegenwart - Jochen Kleppers kurze Sätze stehen fast alle im Präsens. Das geschieht um unsertwillen: Weil wir die Menschlichkeit Gottes in diesem Kind zurückweisen und den Abgrund des Menschseins, die ‚Sünde' vertiefen. Das ist die eine Seite.

Gegenüber steht ihr jedoch die andere Seite: Unser ganzes Elend haftet nun *ihm* an, von der Geburt in Bethlehem bis zum Tod auf Golgatha: vor deiner Krippe gähnt das Grab. - - - *Kyrieleison.*

Er der Gerichtete - wir die Geretteten! Er trägt die Folgen der ‚Sünde', wir sind freigesprochen. Er erleidet den Tod, damit wir das Leben haben. Darum ist in der unheiligsten *heilge Zeit*, Freudenhall, Freudenlicht, darum ist die *Welt...heut an Liedern reich*, wie es zu Beginn der Strophen 1 bis 4 heißt.

Jochen Klepper hat mit einer aus seinem tiefsten Inneren kommenden Festlichkeit Advent als Bußzeit und Weihnachten als Freudenzeit begangen, mit Liedern, Lesungen, Lichtern, gleichsam aus der Zeit herausfallend in bewusster Verlangsamung. Allen wollte er die Botschaft vom Kind in der Krippe als *das* Weihnachtsgeschenk, als *die* Christusgabe nahebringen. Doch wie das alles auf dessen Menschsein beruht, dem im Leben nichts geschenkt wurde, dem nur Gott gegeben war - das wollte er sich, seiner Familie, seiner Kirche umso erkennbarer machen. Einzig im Blick auf die Kargheit der Krippe, im Angesicht des Gekreuzigten, durch das Todesdunkel hindurch zieht der Christfesttag herauf. Ohne diesen Blick feierten wir zu Weihnachten nur uns selbst, bliebe auch die geweihte Nacht nur

Nacht. Freude ohne Ernst, ohne Tiefe ist Albernheit und deren Kehrseite *Bitterkeit* - ein Wort aus Strophe 5.

Dabei geht es um DIE VERTEIDIGUNG DES MENSCHEN. So der Titel eines ganz neuen Buches von Jan Roß, politischer Redakteur der liberalen, kritischen Wochenzeitung DIE ZEIT, kein Theologe. Jan Roß hat mich belehrt, dass es falsch ist, statt von ‚Schuld' und ‚Sünde' nur noch von ‚Verhängnis' oder ‚Verfehlung' zu sprechen. Diesen modernen, moderaten Ausdrücken fehlt das Persönliche, das Existentielle:

Ich *bin* ein ‚Sünder', das kann ich nicht abschütteln, damit muss ich umgehen, so begegne ich als ich selbst der Lebenswirklichkeit und -wahrheit, die mich erfasst und umfasst, so stehe ich vor Gott. Die neutraleren Ausdrücke gelten als menschlicher, schieben aber den Menschen ganz beiseite, verachten ihn letztlich. So kann eine Verfehlung wiedergutgemacht werden, aber was sie in der persönlichen Beziehung bedeutet, bleibt außen vor; es geht um etwas bloß Sachliches. Schuld aber ist etwas Höchstpersönliches, zugleich das Gemeinsamste und das Eigenste. Sie kann vergeben werden - und darin erneuert sich eine persönliche Beziehung. Und ‚Sünde' stellt mich nicht in den luftleeren Raum, sondern vor jemanden. Darum bedeutet für Jan Roß das Neuverstehen dieser Worte und das Beibehalten religiöser Bild- und Sprachwelten die VERTEIDIGUNG DES MENSCHEN. Das Kind in der Krippe, die Weihnacht, die sich zum Christtag lichtet - das ist sie: DIE VERTEIDIGUNG DES MENSCHEN!

Liebe Gemeinde, es soll wirklich nicht nur Weih-Nacht bleiben, sondern Christ-Tag werden. Es soll und wird Begegnung sein, ein unteilbares, unverbrüchliches Miteinander, ein Gegenüber auf Augenhöhe, das im Kind ja schon geschieht: *...und dich von Angesichte sehen....*

Die persönliche Anrede war immer schon da im *Du* und *Dein* und *Dich* dieses Liedes. Doch Kleppers Strophen schlossen mit dem hier klagenden *Kyrieleison*. Die letzte Strophe aber - die schließt mit dem jubelnden Hosianna. So verwandelt sich die gottesdienstliche Eingangsbitte in den Lobgesang zum Abendmahl, in dem Gott uns in Jesus Christus erlebbar, greifbar und schmeckbar nahe ist. Das Abendmahl, von der Auferstehung, vom neuen Leben her gedacht, ist zeichenhafte Gegenwart des endzeitlichen Heils. Darin wird Gott alles in allem sein, alle Tränen werden abgewischt, Leid und Geschrei vorbei sein. Das Menschsein muss nicht mehr verteidigt werden, es ist unverbrüchlich, in ganzer Fülle und Erfüllung da im Leben Gottes, das zu unserem Leben wird. Alle Bitterkeit, auf krasseste Weise erkennbar in Krippe und Kreuz, ist überwunden. Dann *erst ist ohne Bitterkeit / das Herz uns zum Gesange weit*. Weihnachten, der Anfang der Christfeste im Kirchenjahr: Wir sind erst im ersten Festsaal, aber wir singen schon mit: *Hosianna*. Amen.

VENI CREATOR SPIRITUS
nach Johann Wolfgang von Goethe:

1. Komm heilger Geist, du Schaffender, / Komm, deine Seelen suche heim; / Mit Gnadenfülle segne sie, / Die Brust, die du geschaffen hast.

2. Du heißest Tröster, Paraklet, / Des höchsten Gottes Hochgeschenk, / Lebendger Quell und Liebesglut / Und Salbung heilger Geisteskraft.

3. Du siebenfaltiger Gabenschatz, / Du Finger Gottes rechter Hand, / Von ihm versprochen und geschickt, / Der Kehle Stimm und Rede gibst.

4. Den Sinnen zünde Lichter an, / Dem Herzen frohe Mutigkeit, / Dass wir, im Körper wandelnden, / Bereit zum Handeln sei'n, zum Kampf.

5. Den Feind bedränge, treib ihn fort, / Dass uns des Friedens wir erfreun, / Und so an deiner Führerhand / Dem Schaden überall entgehn.

6. Vom Vater uns Erkenntnis gib, / Erkenntnis auch vom Sohn zugleich, / Uns, die dem beiderseitgen Geist / Zu allen Zeiten gläubig flehn.

[18]
„Komm, Heilger Geist, der Leben schafft“
Ev.-luth. Neustädter Hof- und Stadtkirche St. Johannis Hannover
12. Juni 2011 - Liedpredigt zu EG 552[1]

Liebe Gemeinde!

Pfingstsonntag am 12. Juni - kommt erst wieder im Jahr 2095 vor. Denn in diesem Jahr fiel Ostern auf den zweitspätesten Termin, der möglich ist: den 24. April. Der frühestmögliche Ostertermin ist der 22. März - das war 1818 so und wird 2285 wieder so sein, Pfingsten ist dann schon am 10. Mai. Der spätestmögliche Ostertermin ist der 25. April - das war 1943 so und wird 2038 wieder so sein, Pfingsten ist dann erst am 13. Juni.

Was sollte dieser Ausflug in die «Komputistik»? Diese antike Wissenschaft von der Zeitrechnung hat uns Hrabanus Maurus in seinem Werk «de computis» überliefert. «Computer» heißt ja eigentlich «Rechner», was er auch nur ist. Und wer war

[1] Zugleich wurde an „10 Jahre Spanische Orgel“ in der Neustädter Kirche erinnert. - Zur Musikgeschichte von EG 552 siehe u. a. Heinrich Lausberg: Der Hymnus VENI CREATOR SPIRITUS, Abhandlung 64 der Rhein.-Westf. Ak. d. Wiss., Opladen 1979.- Die auf S. 89 abgedruckte Übersetzung von Johann Wolfgang von Goethe stammt vom 10. April 1820 (aus J. W. Goethe: Gedenkausgabe der Werke, Briefe und Gespräche, Bd. 15, Zürich/Stuttgart 1964², S. 131f). - Der Gemeinde war im ortsüblichen Gottesdienstbegleitheft eine Übersicht zu Hrabanus Maurus' Leben und Werk an die Hand gegeben aus: Hans-Jürgen Kotzur (Hg.): Rabanus Maurus - Auf den Spuren eines karolingischen Gelehrten, Mainz 2006, S. 13 - Zum Thema GROSSE TRANSFORMATION vgl. Wissenschaftlicher Beirat der Bundesregierung ‚Globale Umweltent-

Hrabanus Maurus? Er wurde um etwa 780 n. Chr. in der Nähe von Mainz geboren.[i] Als Mainzer Erzbischof verstarb er im Jahr 856. Im Alter von 8 Jahren wurde er zu den Benediktinern ins Kloster Fulda gegeben, dort wurde er mit 42 Jahren zum Abt gewählt. Ihm ist es zu verdanken, dass das Kloster Fulda zur wichtigsten Bildungsstätte im nördlichen Karolingerreich wurde. Hrabanus Maurus gehört zu den bedeutenden Gelehrten des Mittelalters, vielleicht Europas. Er wandte seine ganze Kraft daran, das bisher bekannte Wissen zu sammeln, zu sichten und für seine Zeit aufzubereiten. Er wollte aus den Mönchen und Klerikern umfassend gebildete Menschen machen, lebenskundige Theologen und Volkspädagogen. Er baute die Fuldaer Bibliothek aus. Er ließ im großen Klosterskriptorium vor allem die Werke der Kirchenväter abschreiben, die er selbst kommentierte. Hrabanus verfasste eine umfangreiche Unterweisung des Klerus, ein Handbuch für alle Themen in Kirche und Theologie von der liturgischen Praxis bis zur theologischen Dogmatik. Er schrieb Kommentare zu fast allen biblischen Büchern, die er teilweise auch ins Althochdeutsche übersetzte. Zu den 1.200 Handschriften seiner Werke, die noch im 16. Jahrhundert, also noch 700 Jahre später, bekannt waren, gehört eine Enzyklopädie (Auflistung) des damals bekannten Wissens über Natur und Kosmos (de rerum naturis / de universo) ebenso wie eine Vielzahl von Hymnendichtungen, die er überlieferte oder selbst verfasste. Eine davon ist der Pfingsthymnus VENI CREATOR SPIRITUS.

Für Hrabanus, zu deutsch: Rabe, gehörten Gotteswissen und Weltwissen zusammen. Das wird deutlich in der ersten Zeile des Hymnus: VENI CREATOR SPIRITUS. In der Tradition wurde bisher gebetet um das Kommen des HEILIGEN GEISTES: VENI SANCTE SPIRITUS. Hrabanus redet, fleht den Geist als CREATOR, als SCHÖPFER an. Inzwischen hatte sich ja auch nach jahrhundertelangen Kämpfen seit Mitte des 5. Jahrhunderts das nicäno-konstantinopolitanische Glaubensbekenntnis, das wir vorhin gesprochen haben, in der gesamten Christenheit durchgesetzt. Darin wird Gott verstanden ausdrücklich als Vater, „der alles geschaffen hat“, und der Heilige Geist als der, „der der Herr ist und lebendig macht“. So ist für Hrabanus der Geist Gott und Gott der Geist. Das bedeutet: Gott behält seine Heiligkeit nicht für sich, sondern entäußert sich im Geist in seine Schöpfung und seine Geschöpfe hinein. Und der Geist ist die Energie in allem Geschaffenen. Demnach ist Gottes Geist, heute so oft als ihr Feind und Verhinderer verachtet, der Freund und Anstifter der Vernunft. Er bildet und formt, wie schon die einfache, einleuchtende Form dieses Hymnus zeigt, sein klarer gedanklicher Aufbau. Dem folgt Hrabanus'

---

wicklung' (WBGU): Welt im Wandel. Gesellschaftsvertrag für eine Große Transformation. Zusammenfassung für Entscheidungsträger, Berlin 2011, bes. S. 1-5, dort auch das Zitat.

kirchen- und kulturpolitisches Programm: Gebildete Menschen gestalten aus dem Glauben heraus mit Hilfe von Kunst, Wissenschaft, Technik eine neue Zivilisation, wie wir heute sagen.

Übrigens ist das eine ganz moderne Auffassung: Leben ist nichts bloß Materiell-Dinghaftes, Leben ist Information: Leben ist Geist: Gott selbst im Herzen, als Herz der Materie. Auch das wird anschaulich in dem poetischen, kraftvollen und zärtlichen Bild in 1. Mose 2: durch den Atem Gottes wird der Mensch zum Leben erweckt. Der Wind, der Gottesatem, der Geist, der über den Wassern schwebt und lebensfeindliches Chaos in lebensfreundliche Ordnung verwandelt, wird nun erneut herbeigerufen. In diesem Ruf erfährt der Mensch sich selbst als geschaffen, als atmendes, weil beatmetes Leben – und Gottes Geist als Kraft und Zärtlichkeit, nicht statisch, sondern stets dynamisch, wie die ganze Schöpfung, eine ständige Transformation. Wir singen die ersten drei Strophen von Lied 552:

1. Komm, Heilger Geist, der Leben schafft,
erfülle uns mit deiner Kraft,
dein Schöpferwort rief uns zum Sein,
nun hauch uns Gottes Odem ein.
2. Komm, Tröster, der die Herzen lenkt,
du Beistand, den der Vater schenkt;
aus dir strömt Leben, Licht und Glut,
du gibst uns Schwachen Kraft und Mut.
3. Dich sendet Gottes Allmacht aus
im Feuer und in Sturmes Braus,
du öffnest uns den stummen Mund
und machst der Welt die Wahrheit kund.

1. Veni, Creator Spiritus:
mentes tuorum visita,
imple superna gratia
quae tu creasti pectora!
2. Qui Paracletus diceris,
Donum Dei Altissimi
Fons Vivens, Ignis, Caritas
et Spiritalis Unctio;
3. tu Septiformis munere,
Dextrae Dei tu Digitus,
tu rite Promissum Patris
sermone ditans guttura;

Beim Singen, liebe Gemeinde, habe ich an einen Gedichtanfang von Rose Ausländer gedacht: *Im Atemhaus wohnen / eine Menschblumenzeit...* Diese schwingenden Melodiebögen im Stil der Gregorianik. In drei Zeilen ziehen sie in die Himmelshöhe und in der vierten Zeile gleichsam auf die Erde zurück. Jede Zeile ein Ein- und Ausatmen, jede Notenzeile mit einer Atempause endend, lebt das ganze Lied vom Atemrhythmus.

Könnte ich doch die vielen Facetten dieses Hymnus ausleuchten! Dazu gehörte ein Vergleich dieser modernen Nachdichtung des römisch-katholischen Pfarrers und Professors Friedrich Dörr (1907-1993) aus dem bayrischen Eichstätt mit den vielen anderen Übertragungen des VENI CREATOR SPIRITUS im Laufe von 1.200 Jahren, allen voran mit Martin Luthers Übertragung, die wir unter EG 126 finden. Auch ein Vergleich mit Goethes Nachdichtung vom 10. April 1820 wäre lohnend. Natürlich auch einer mit anderen Fassungen im römisch-katholischen Gesangbuch „Gotteslob". Für mich besonders ergreifend: Gustav Mahlers 8. Symphonie, die „Symphonie der Tausend", die im 1. Teil das VENI CREATOR SPIRITUS entfaltet; sie wurde vor drei Wochen in Hannover aufgeführt. Aber ich muss mich auf wenige Hinweise und eine jeweils kurze Hinführung zu den einzelnen Liedstrophen konzentrieren.

Bei allen Fassungen dieses Hymnus kann es sich nur um mehr oder weniger freie Übertragungen oder Nachdichtungen handeln, da das Lateinische und das Deutsche doch sehr verschiedene Sprachrhythmen aufweisen und nur so Wort und Melodie in Einklang gebracht werden können.

Dem ersten historisch ganz sicheren Zeugnis über eine öffentliche Verwendung nach erklang das VENI CREATOR SPIRITUS spätestens als Auftaktgesang beim Konzil von Reims im Jahr 1049. Möglicherweise hat Hrabanus es aber speziell für die Aachener Synode 809 gedichtet. Ein Hymnus also für die ganz besonderen Anlässe, über Jahrtausende hinweg, bis zur ersten Messe im Petersdom zu Rom im Jahr 2000, also zur Jahrtausendwende um Mitternacht.

Doch dieser Hymnus, Sie werden es beim Singen bemerkt haben, geht in die Höhe und in die Tiefe zugleich. Indem der Schöpfer-Geist seine Schöpfung und seine Geschöpfe erhebt, wohnt er ihnen ein. Beides, Erhebung und Einwohnung, drückt besonders Friedrich Dörrs Nachdichtung aus. Er hat sie im Jahr 1969 verfasst, in den Jahren einer großen kulturellen Umwälzung in den Industriegesellschaften. Mit den großen Hauptwörtern, die alles zu erdrücken und ersticken drohen, ist es vorbei. Dementsprechend, doch ohne sich einer Mode anzupassen, dichtet der damals 61-jährige Friedrich Dörr den alten Hymnus so nach, dass deutlich wird, was der Schöpfer-Geist für uns Menschen tut bzw. tun möge, was er für uns ist bzw. sein möge: kein weltfernes Prinzip, kein Gott tödlicher Thesen, sondern Leben schaffend, mit Kraft erfüllend, zum Sein rufend, zärtlich hauchend, menschennah tröstend, persönlich Beistand leistend: „You'll never walk alone...".

Durch die Verwandlung des Hauptworts CREATOR: Schöpfer in viele Tätigkeitswörter gewinnt Dörr Platz für das SANCTE: heilig. Aus dem folgen Ströme des Lebens: Licht und Glut, Lebenskraft und Daseinsmut für die Geschöpfe. Die erschrecken, deren Kraft und Mut erlahmt, denen muss aufgeholfen werden, wenn sie Feuer und Sturm ausgesetzt sind. Der Wind kann auch ein Orkan sein, ein Taifun, ein Tornado, der verheert und verstummen lässt - als Geist aber „öffnet" er den „stummen Mund". Als ‚Geistin', denn das hebräische ‚RUACH' ist weiblich.

Mit allen teilt uns der Geist die „Wahrheit" mit und lässt sie uns allen mitteilen. Wahr ist freilich auch: Herzen können erkalten, erstarren, Hirne vernebelt, verstockt sein. Dann kann allein der Schöpfer-Geist uns wieder entflammen für den Weg des Guten, Lebensdienlichen. Darum wird er inbrünstig (das aus der Mode gekommene Wort finde ich hier am treffendsten) gebeten - und im inbrünstigen Herbeirufen geschieht dieses schon: „dass Liebe unser Herz durchglüht". Wort und Ton lassen schon etwas aufglühen von dem, was wir am meisten vermissen: den „Frieden", der im Frieden Gottes beginnt. Wir selbst treiben uns lieber in der Nacht herum und lassen unseren Nachtseiten freien Lauf, als uns am Tag mit unseren Tagseiten offen zu zeigen. Der Schöpfer-Geist, das am Morgen geöffnete Fenster, das frische Luft hereinlässt, der erfrischende Atem anstelle fauliger Abluft, zeigt uns den richtigen Weg. Wir singen die Strophen 4 und 5:

4. Entflamme Sinne und Gemüt, daß Liebe unser Herz durchglüht und unser schwaches Fleisch und Blut in deiner Kraft das Gute tut.	4. accende lumen sensibus, infunde amorem cordibus, infirma nostri corporis virtute firmans perpeti:
5. Die Nacht des Bösen banne weit, schenk deinen Frieden allezeit. Erhalte uns auf rechter Bahn, daß Unheil uns nicht schaden kann.	5. hostem repellas longius pacemque dones protinus: Ductore sic te praevio Vitemus omne noxium:

Liebe Gemeinde! Illumination, Inspiration, Innovation. Die verdanken wir dem Geist. Dieser Hymnus ist beides zugleich: ein Bekenntnislied und ein Gebetslied. An ihm wird vor allem deutlich, wie das Gebet Ursprung und Mitte des Glaubens ist. Der Glaube aber versteht sich nicht von selbst. Er ist eine Geistesgabe, ein Geschenk. „Ich glaube, dass ich nicht aus eigener Vernunft noch Kraft an Jesus Christus, meinen Herrn, glauben oder zu ihm kommen kann, sondern der Heilige Geist hat mich durch das Evangelium berufen, mit seinen Gaben erleuchtet, im rechten Glauben geheiligt und erhalten..." (Luther, Erklärung zum 3. Credo-Art.).

Insofern stellt die 6. Strophe das Ziel des Hymnus dar: „Gläubig den Vater sehn" kann ich nur, wenn ich „sein Ebenbild, den Sohn, versteh(e)". Gott ist für uns Menschen unsichtbar und unfassbar: nur verborgen gegenwärtig. Gott erhält seine Welt auf eine Weise, die ich nicht verstehe, auch durch Erschütterungen und Versagungen hindurch. Einzig im Blick auf den Sohn, in dessen vorbehalt- und rückhaltloser Lebenshingabe begegne ich der Liebe Gottes. Allein die Liebe Jesu zu Gott und zu uns Menschen „inspiriert" mich zum Vertrauen auch gegen den Augenschein. Dass mich der Geist dieser Liebe „durchdringt" – darum kann ich nur bitten. Schon indem der Schöpfer-Geist mich dieses bitten lässt, bringt er mich hinein ins „Leben Gottes" und zurück zur Quelle des Lebens. Durch den, in dem Gott Mensch wird, werden wir Menschen in Gott: durch Jesus Christus, im Geist.

Keine Transformation kann größer sein. Darauf kann in Strophe 7 dann nur ein ewiger Lobpreis, ein Lobpreis des Ewigen folgen.

Reichlich theologie-befrachtet und deshalb anstrengend, das gebe ich zu. Umso nachdrücklicher betone ich jetzt: Wir brauchen diesen Geist, der als hebräisch ‚ruach' und griechisch ‚pneuma' auch Wind, Atem heißt, im Grunde also Dynamik, Energie ist, eine Transformation herbeiführt. Was „Wind" im Guten bedeutet, können wir nirgends besser als an einer Orgel bemerken.

Im Blick auf die ENERGIEWENDE, den gebotenen Einstieg in eine neue Energiegewinnung und -nutzung ohne Kernkraft und den KLIMASCHUTZ forderte vor zwei Wochen der «Wissenschaftliche Beirat der Bundesregierung Globale Umweltveränderungen» eine GROẞE TRANSFORMATION: ...einen neuen Weltgesellschaftsvertrag für eine klimaverträgliche und nachhaltige Wirtschaftsordnung. ... D[ies]er Gesellschaftsvertrag kombiniert eine Kultur der Achtsamkeit (aus ökologischer Verantwortung) mit einer Kultur der Teilhabe (als demokratische Verantwortung) sowie mit einer Kultur der Verpflichtung gegenüber zukünftigen Generationen (Zukunftsverantwortung). Für diesen umfassenden Umbau aus Einsicht, Umsicht und Voraussicht von der fossilen und nuklearen zur nach-fossilen und nicht-nuklearen Gesellschaft bedürfe es eines Wertewandels. In einem neuen Wohlstands- und Wachstumsmodell müssten Bildung, Selbstbegrenzung und Teilhabegerechtigkeit vor allem für die kommenden Generationen an erster Stelle stehen. Gerade der Blick auf die, die nach uns kommen, wie unser Pfingsthymnus 1.200 Jahre vor uns entstand, gehört mit zum ewigen Lobpreis.

Wir brauchen den Geist Jesu, der uns das Maß des Menschlichen und des Schöpfungsgerechten erkennen lässt und uns dafür begeistert. Zu allermeist, dass wir Geschöpfe sind - und nicht die Herren und Meister dieser Welt. Die Energiewende, die wir uns jetzt richtigerweise vornehmen, ist riskant und anstrengend. Sie wird keineswegs geradlinig und harmonisch verlaufen. In vielen Konflikten - z. B. um neue Stromspeicher und neue Stromtrassen - wird auch der Streit im Grundsätzlichen wieder aufbrechen. Schließlich sind Erneuerbare Energien alles andere als ökologisch nur unschuldig. Wer A forderte, muss nun auch B wollen. Der Weg der Freiheit dauert meistens länger als der Akt der Befreiung. Und Verantwortung ist niemals frei von Schuld. Umso mehr ist der Mut-Bürger gefragt. Umso mehr brauchen wir eben diejenige Illumination, Inspiration und Innovation, um die der Schöpfer-Geist inständig gebeten, inbrünstig bedrängt wird. Lassen Sie uns darum einstimmen in die beiden letzten Strophen unseres Pfingsthymnus und sie als Bitte wie als Bekräftigung, als AMEN singen: VENI CREATOR SPIRITUS:

6. Laß gläubig uns den Vater sehn, sein Ebenbild, den Sohn, verstehn und dir vertraun, der uns durchdringt und uns das Leben Gottes bringt. 7. Den Vater auf dem ewgen Thron und seinen auferstandnen Sohn, dich, Odem Gottes, Heilger Geist auf ewig Erd und Himmel preist.	6. per te sciamus da Patrem noscamus atque Filium, te Utriusque Spiritum credamus omni tempore! 7. Praesta hoc, Pater Piissime Patrique Compar Unice cum Paracleto Spiritu Regnans per omne saeculum.

[19]
„Der Sonntag, an dem ich Weltmeister wurde" (F. C. Delius)
Ev. Kirchenzentrum Kronsberg
21. Mai 2006 - Literaturpredigt mit Markus 7,32-35[1]

Liebe Gemeinde!

„Der Sonntag, an dem" er „Weltmeister wurde", ist der Tag, an dem ein junger Mensch seine Sprache findet - und in der Sprache sein Menschsein. An diesem Tag beginnt eine innere Wandlung und äußere Heilung. In der Identifikation mit den „Helden von Bern" findet der elfjährige Sohn einer Pfarrersfamilie aus seiner gleichsam stotternden Stummheit zu einem nie gekannten Redefluss der Freude, des Jubels über einen fremden Sieg, den er als seinen eigenen Sieg empfindet. Nun lernt er durch die Sportreportage, unabhängig vom Text seiner Eltern, vor allem seines übermächtigen Vaters, seinen eigenen Text zu sprechen. Die Reporterworte sind immer noch von religiösen Vokabeln durchdrungen. Aber diese gehören nun zu seiner eigenen Gefühlswelt. Sie nehmen ihm die Hemmungen. Denn für das „Wunder von Bern", dass der Außenseiter Deutschland den Favoriten Ungarn 3 zu 2 schlägt, sind die religiösen Vokabeln gerade angemessen. Diese Wende ist kein religiöses, sondern ein ganz profanes Wunder.

Friedrich Christian Delius führt uns an den Wirkungen der religiösen Bild- und Ausdruckswelt vor, wie gefährdet die Sprache überhaupt ist, wie sie - auch ungewollt, ohne Manipulationsabsicht, ganz und gar aus Frömmigkeit heraus - das Gegenteil von dem erzeugen kann, was sie bezeugen will. Ich bin sicher, dass die

---

[1] Dieser Literaturgottesdienst wurde im Blick auf die Fußball-EM 2006 („Deutschland, ein Sommermärchen") zusammen mit dem ‚Literaturkreis Ev. Kirchenzentrum Kronsberg' gestaltet. Neben Lesungen aus dem Buch von Friedrich Christian Delius wurde eine Passage aus der Reportage des WM-Endspiels 1954 Ungarn–Deutschland (2:3) von Herbert Zimmermann eingespielt. - Weitere Literaturgottesdienste bzw. -predigten, von denen es zwischen 2000 und 2008 am Ev. Kirchenzentrum Kronsberg insgesamt acht gab, in Hans Joachim Schliep: Was uns unbedingt angeht…, Saarbrücken 2012 (S. 24-28: *Arnes Nachlass*; S. 36-38: *Babettes Fest*).

Erwachsenengeneration in dieser frommen Pfarrersfamilie ernst und echt Christus nachfolgen wollte. Möglicherweise hat sie sich so ganz und gar der biblischen Sprache und Bilder anvertraut, um der totalen Profanität zu entrinnen, wie sie ihr in der pervertierten, alle Lebensbereiche durchdringenden Propagandasprache der Nazis begegnete. Bei dem Kind kommt es aber ganz anders an. Für den Elfjährigen werden alle seine Gefühle, wird sein ganzes Selbstsein ertränkt in der - wie Delius ihn sagen lässt - „Glaubenssoße". Die Worte und Bilder, die befreien sollen, werden selbst totalitär.

Eindrücklich und eindringlich beschreibt Delius die Sprach- und Lebenshemmung des Elfjährigen. Ich habe viele Menschen kennengelernt, die von der Sprache der Frömmigkeit förmlich erstickt, die durch frommen Redeschwall geradezu taub und stumm gemacht worden sind. Was habe ich da für ein Glück gehabt, dass es mir anders ergangen ist! Denn mir hat sich in der Sprache der Bibel, des Glaubens, auch wenn ich mich erst langsam in sie einfinden konnte, eine weite Bild- und Gefühlswelt erschlossen, die in meiner unmittelbaren Lebenswelt schlicht ausgeklammert war. Denn der Krieg hatte meinen Eltern alle Illusionen geraubt, zu denen auch die Religion gehörte. Was an Gefühlsüberschuss da war, floss in den 1950er Jahren hinein in den Sport: Fußball, Motorradrennen, Boxen für meinen Vater und für meine Mutter das Tanzen, Rudi Schurickes „Caprifischer", Caterina Valentes „Ganz Paris träumt von der Liebe" und Gerhard Wendlands „Tanze mit mir in den Morgen".

Weil mir religiöse Bilder und Ausdrücke - viele Jahre später - ganz anders begegnet sind, wage ich es, anhand einer biblischen Geschichte zu prüfen, was sie ebenfalls leisten können. Keineswegs will ich dem elfjährigen Delius-Jungen die Freundschaft aufkündigen und seiner Erfahrung widersprechen. Aber ich möchte fragen, welches Freiheitspotential, aus dem neu zu schöpfen wäre, die Jesus-Geschichten doch in sich bergen könnten. Denn in meinem Verständnis erzählen sie vornehmlich davon, wie zu Boden geworfene Menschen wieder auf die Beine kommen und zu einem selbstständigen Leben finden, wie Sprachlose zu Wort kommen und Stumme plötzlich zu reden wissen. So heißt es in Markus 7 Verse 32 bis 35: *Und sie brachten zu Jesus einen, der taub und stumm war, und baten ihn, dass er die Hand auf ihn lege. Und er nahm ihn aus der Menge beiseite und legte ihm die Finger in die Ohren und berührte seine Zunge mit Speichel und sah auf zum Himmel und seufzte und sprach zu ihm: „Hephata!", das heißt: „Tu dich auf!" Und sogleich taten sich seine Ohren auf und die Fessel seiner Zunge löste sich, und er redete richtig.*

Der Berührungspunkt zwischen diesem Taubstummen und dem Pfarrerssohn, der Friedrich Christian Delius weitgehend selbst ist, dürfte deutlich sein. Er wird noch deutlicher, wenn wir beachten, dass im Neuen Testament Krankheit immer eine physische und eine psychische Seite hat. Mehr noch: Krankheiten wie Besessensein, Taubheit, Stummheit konnten Bilder für jede Form sozialer Bedrückung und Unterwerfung sein. Eben darunter leidet der hessische Pfarrerssohn, beherrscht durch die allgegenwärtigen frommen Bilder und Worte.

Eine fromme Geschichte ist auch die Jesus-Geschichte. Und doch ist in ihr etwas anders. Das Erste: Jesus legt dem Taubstummen die Finger in die Ohren und berührt seine Zunge mit Speichel. Diese damals übliche Heilungsmethode hat für uns etwas schier Ekelhaftes, bedeutet aber eine schier unglaubliche Nähe. Jesus und der Taubstumme sind einander körperlich zugewandt. Das Anziehende und Wohltuende, das Heilende an Jesus muss wohl seine Zuwendungsfähigkeit und damit seine Menschlichkeit gewesen sein. Darin war Jesus gewiss kraftvoll, aber nicht autoritär, sondern autoritativ.

Das ist etwas ganz anderes als die distanzierte Frage des Pfarrervaters: „Schon vorbei, dein Fußball?" Hätte dieser Junge seinen Vater doch so erleben können wie ich meinen: Er hat *mit* mir die Reportage aus dem Berner Wankdorfstadion gehört. Er ist *mit* mir geradezu in unseren kleinen Radioapparat mit dem grünen, „magischen Auge" hineingekrochen. Zumindest die letzten 15 Minuten haben Vater und Sohn ein Ohr ganz an die beiden Lautsprecher gepresst und sich gegenseitig immer wieder an die schweißnassen Hände gefasst.

Und dann das Zweite: Jesus seufzt zum Himmel und ruft „Hephata!" Dieses „Tu dich auf!", zu dem Taubstummen gesprochen, war zugleich zum Himmel geschrien. Alles sollte sich auftun: der Himmel und die Ohren des Taubstummen und die Fessel um seine Zunge! Der Himmel geht über ihm auf und ein Mensch wird frei! Weil ein anderer für ihn seine Not zum Himmel schreit. Er verleiht dem eine Stimme, der das wohl denken, aber niemandem sagen kann: „Lass mich meinen eigenen Text sprechen!" Radikaler noch ruft Jesus: „Lass ihn überhaupt sprechen! Lass ihn zu Wort kommen!" Dieses Rufen für andere, dann auch mit anderen, diese unbedingte Solidarität in Leibesnot und Seelenpein - die bringt Heilung. Ja, die weckt Glauben, von dem her sich alle Frömmigkeit erneuern und verändern lassen muss, wenn sie erstarrt ist und - sei es auch ungewollt - andere in die Erstarrung getrieben hat.

Auf eigentümliche Weise anders ist das Dritte. Jesus untersagt, von dieser Heilung zu sprechen - und doch lässt er zu, dass alle Beteiligten die gute Nachricht sofort verbreiten: Er hat alles wohl gemacht; die Tauben macht er hörend und die Sprachlosen redend. Auch die Stimme des ehemals Taubstummen wird dabei sein. Denn er kann nun ja *richtig reden*. Er hat *seine* Sprache gefunden. Delius' elfjähriger

Junge musste erst warten, bis andere zum Dorfplatz kamen und in seinen Jubel einstimmten. Aber immerhin war es Jubel.

Hier breche ich den Vergleich ab, um einem anderen Gedanken Raum zu geben. Ich höre aus Delius‘ Erzählung heraus, wie gefährlich die religiöse Bild- und Sprachwelt sein kann, gerade weil sie auf das ganze, sehr persönliche Leben einwirkt. Darum muss sie immer wieder aller Machtansprüche, die sich auch unter ihrem Rock verbergen, entkleidet werden. Es scheint mir nach wie vor geboten, die Jesus-Geschichten als Befreiungsgeschichten zu lesen. Der Jesus, der zum Glauben ruft, duldet auch Widerspruch und Zweifel. Er hat sie selbst an sich ertragen. Glaube und Zwang sind ein Widerspruch in sich. Wenn es früher anders gehandhabt wurde, war das ein schweres Missverständnis, das einem die Tränen in die Augen treiben kann. Wahrer Glaube befreit von Zwang! Vor allem von dem Zwang, durch frommes Reden die eigene Glaubenstat und Glaubensart auf Kosten anderer zu rühmen.

Damit dieses deutlich wird, muss es wohl immer wieder Zeiten geben, in denen die religiösen Wahrheiten in Zweifel gezogen und die religiöse Worte leiser und weniger vollmundig gesprochen werden, in denen wir selbst zu ihnen auf Abstand gehen, um sie später neu als heilsam entdecken zu können. Vielleicht gilt es, immer wieder den Versuch einer „nicht-religiösen Interpretation biblischer Begriffe“ - wie Bonhoeffer es einmal andeutete - zu machen.

Gleichwohl, so scheint mir, befinden wir uns schon wieder in einer anderen Lage als Delius sie beschreibt. Was der religiösen Sprache - bei allem Missbrauch, dem sie ausgesetzt ist - innewohnt an zukunftsweisender und Halt gebender Kraft, ist vergessen oder wird verschwiegen. Stehen wir - nach der radikalen Kritik an allem Religiösen - nicht inzwischen so da: Wir haben uns samt unseren Wurzeln ausgegraben, neben dem Grabungsloch stehend wundern wir uns allerdings, dass das Loch ein tiefer Abgrund ist?! Vielleicht sind wir auf zu vielen Gebieten „Weltmeister“ geworden, dass wir nur noch profane Wunder kennen, uns aber auch mit den kleinen profanen Wundern - wie einem WM-Sieg - begnügen?!

Ja, wer birgt nun unsere Ängste, wer verleiht nun unseren Hoffnungen Worte? Wer bewahrt sie noch auf: die großen Visionen von einem Leben in Würde und Wahrheit, Gerechtigkeit und Gnade, Freiheit und Verantwortung? Das gehört doch eigentlich zum Wesen der Sprache des Glaubens: uns unsere Lebenswünsche artikulieren zu helfen, uns die Bilder gelingenden Lebens immer wieder neu vor Augen zu stellen. Keine Vorspiegelungen falscher Paradiese, zu denen oft auch der Sport idealisiert wird, sondern wie in der Jesus-Geschichte: Heilungs- und Erlösungsbilder, auch wenn die Erfüllung des Menschlichen - das wirklich Menschliche, das mit dem Göttlichen Hand in Hand geht - noch aussteht und im Missbrauch des Religiösen als Zwangssystem unkenntlich wird.

Im Geistesleben scheint sich heute eine kleine Umbesinnung anzubahnen: Philosophen wie der religions-abstinente Jürgen Habermas weigern sich, die religiöse Sprache zu übernehmen, aber sie plädieren dafür, ihren auf ein gelingendes Menschsein gerichteten Sinn zu bewahren. Und der Psychoanalytiker Tilman Moser, der vor 30 Jahren in einem bewegenden Buch seine „Gottesvergiftung" in einem frommen Elternhaus beklagte, beschrieb vor kurzer Zeit die helfenden und heilenden Seiten der Gotteserfahrung.

Deshalb sage ich zum Schluss: Dass mein Leben geborgen ist in Gott, ist ein leicht widerlegbarer Satz. Aber es muss ja nicht mein eigenes Herz vollständig für ihn einstehen. Ich habe dafür die alten Erzählungen, Lieder und Gebete, die mein Herz berühren, auch wenn mein Glaube dahinter zurückbleibt. So komme ich um das Schlimmste herum: zu verstummen. Denn ich kann mehr sagen als jetzt gerade erkennbar ist. In den Geschichten von früher und in der Gemeinde von heute ist ein Glaube lebendig, dem ich mich anvertrauen kann und der auch für die da ist, die in einem angstvollen Leben gefangen sind. Und so wurzelt mein Glaube nicht in „dem, was fehlt",[1] sondern in der Fülle all dessen, das mir an Leben und Liebe, an Güte und Gnade begegnet und mich an den Bruchlinien der Erfahrung im Glück wie im Unglück, im Gelingen wie im Misslingen elementar widerfährt - aus der Fülle der Möglichkeiten, die mit Welt und Leben gegeben sind.

In diesem Sinn: Lasst uns ein „neues Lied" singen: dem „Herrn", um der Menschen willen, um die Welt zu gewinnen, ohne Schaden an unserer Seele zu nehmen, vielmehr den Schaden an der Seele anderer zu heilen. Amen.

---

[1] Inzwischen kann zu dieser Redeweise, die u. a. auf Jürgen Habermas' Trauerrede für Max Frisch in Zürich 1991 und seine Dankesrede zur Verleihung des Friedenspreises des Deutschen Buchhandels in der Frankfurter Paulskirche 2001 zu ‚Glauben und Wissen' zurückgeht, auf zwei Bücher hingewiesen werden: Michael Reder / Josef Schmidt (Hg.): Ein Bewusstsein von dem, was fehlt. Eine Diskussion mit Jürgen Habermas, es 2537, Frankfurt am Main; Martin Walser: Über Rechtfertigung, eine Versuchung, Reinbek b. Hamburg 2012.

[20]
„Paradies verloren“ (Cees Nooteboom)[1]
Ev. Kirchenzentrum Kronsberg
24. September 2006 - Literaturpredigt mit 1. Mose 2,15

Liebe Gemeinde!

„Das kommt, weil du selbst fliegen können willst, sagt Almut.“ Die da fliegen können möchte - das ist ihre Freundin Alma: die geheimnisvoll-engelsgleiche junge Kunsthistorikerin mit dem „Engeltick“: „Raffael, Botticelli, Giotto, Hauptsache, es sind Flügel dran.“. Almut dagegen bleibt nüchtern und erdverhaftet. Aber eines verbindet die Freundinnen: die Sehnsucht nach ihrem Traumland. Dort sucht Alma Reinigung und Heilung von Schändung und Verletzung. Beides findet sie in der Liebeswoche mit dem Aborigine. Und beide Frauen erleben in Australiens Wüste eine ungeahnte Weite und Tiefe: Raum und Zeit, wie berührt vom Unendlichen, Unvordenklichen, vom Ursprung von allem.

Aber auch diese Weite und Tiefe hat Grenzen. Die Liebesbeziehung von Alma zu dem Aborigine-Maler ist von vornherein auf eine Woche befristet. Zudem hat dieser Mann etwas Undurchdringliches, Unzugängliches. Später erfahren Alma und Almut von der Größe, aber auch den Schattenseiten seiner Kultur, ihrer Verletzlichkeit und Endlichkeit. In Perth dann werden beide zu Engeln. Aber Alma zum Beispiel muss in einen Schrank, am Boden liegen, schweigen. Und alles ist inszeniert, Performance, Pose, Persiflage. In Perth kommt es zwar zu einer nachhaltigen Begegnung zwischen Alma und Erik Zondag und nach Jahren in Igls zu einem Wiedersehen. Aber wie schon die nächtliche Engel-Party am australischen Strand hat auch der paradiesische Moment in den Tiroler Bergen ein abruptes Ende. In der Kurklinik entzieht Alma sich ihm mit den Worten: „Engel gehören nicht zu Menschen.“

Sie alle werden ihre eigenen Gedanken dazu haben. Wenn ich Ihnen nun *meine* Deutung anbiete, lasse ich die Fülle der religions- und kulturgeschichtlichen Anspielungen, mit denen Cees Nooteboom in jeder Szene arbeitet, beiseite. Sie wollen ja heute noch nach Hause kommen. Ich konzentriere mich auf die Frage: Wofür stehen Alma, Almut und auch Erik? Sie repräsentieren moderne Menschen, für die der Himmel längst leer, die Frage nach dem Himmlischen aber umso bedrängender ist. Die nach ihrem Traumland suchen, nach Ursprung, Echtheit, Reinheit, Heiligkeit, nach dem eigentlichen, wahren Leben, nach dem auch, was Raum und Zeit, ja, ihr Selbst übersteigt und in dem sie sich endlich selbst finden

[1] Literaturgottesdienst mit Cees Nooteboom: Paradies verloren, Frankfurt/M. 2005 (daraus die Zitate)

können: nach Transzendenz, nach mystischem Erleben. Je härter die Fessel der Immanenz, desto stärker der Wunsch nach Transparenz und Transzendenz.

Begeistert von Botticellis Engelsbild will Alma sogar selbst ein Engel sein, der den Menschen mit Göttlichem berührt. Das ist in der Kunst möglich, bleibt aber Inszenierung - und damit unter dem Diktat der Immanenz. Just in dem Moment, in dem sich das Geheimnis der Welt ankündigt, verabschiedet es sich auch. Das vollzieht Cees Nooteboom bis in die Bild- und Wortwahl zwischen Geist und Gosse. Der Titel sagt es eben ganz genau: „Paradies verloren". Es gibt kein Zurück in den Garten Eden, es sei denn im Kunstzitat. Manche Geschichten, das wusste schon Botticelli, bringen „noch nach zweitausend Jahren in einer Welt der Computer Glocken zum Läuten". Oder in der Natur, in der Wüste, die Entschlackung und Entleerung erlaubt. Aber was füllt und erfüllt dann wirklich?

Es gibt ein Leben nur auf Erden. Sie ist das einzige reale Eden. Dieses Leben kennt alle Sehnsüchte und jedes Glück. Da ist - in Kunst, Natur, menschlicher Begegnung - ein Hintergrundleuchten des Jenseitigen. Doch selbst in diesem Licht endet es in radikaler Diesseitigkeit. Alles bleibt Spiel, Szene, Reise, auf der auch himmlische Unterbrechungen keinen Aufenthalt verschaffen. Wohl findet Erik Zondag seinen Engel wieder, doch an einem Ort, der eine Karikatur, eine Realsatire darstellt: in einer Kurklinik, wo archaische Paradies- als urmenschliche Lebenswunschekstasen in Wellnessmassagen enden. Dort kommt ihm der Engel sogleich wieder abhanden.

Cees Nooteboom, ein Meister des literarischen Schwebezustands, verwebt in „Paradies verloren" so viele Fäden, dass jede einsinnige Deutung fehl geht. Aber wenn ich Richtiges und Wichtiges getroffen haben sollte, kommt er der biblischen Botschaft recht nahe. Von etwas anderem als einem radikalen Jenseitsverlust und einer absoluten Diesseitigkeit des Lebens erzählt die Bibel auch nicht. Und doch - sie erzählt es anders:

Und Gott der HERR nahm den Menschen und setzte ihn in den Garten Eden, dass er ihn bebaute und bewahrte. So schließt die Lesung aus dem Ersten Testament, die nicht wir ausgesucht haben, sondern die von der kirchlichen Tradition für heute gegeben ist. Garten ist ein anderes Wort für das ursprünglich persische „Paradies": der umfriedete Raum. Aber ein Traumland, wie es so Viele ersehnen, ist er nicht - und schon gar kein Schlaraffenland. Zwar ist von Flüssen, Gold und Edelsteinen und verlockend anzusehenden Bäumen, namentlich denen des Lebens und des Wissens, die Rede. Aber das ist auch alles. Und dieses alles ist dem Menschen zum Bebauen und Bewahren anbefohlen, zur hegenden Erhaltung und weitergehenden Gestaltung. Mit anderen Worten:

Das biblische Paradies ist Ort der Arbeit - und wird schnell zum Ort des Streites. Sie erinnern sich: das Kriechtier, die Frucht, die Frau, der Mann, der Ruf Gottes nach dem Menschen, das Versteckspiel, die gegenseitigen Schuldvorwürfe, die Scham - und dann die Ausweisung. Vorher der Fluch über Schlange und Ackererde. Aber kein Fluch über die Erde als solche. Und kein Fluch über Eva und Adam, sondern Schmerzen und Schweiß und Endlichkeit als Rückkehr zur Erde, aus der sie genommen sind - und Kleidung, von Gott selbst gefertigt, zum Schutz vor kalten Lebensstürmen. So gerät der Mensch unter die Erdenschwere, bleibt aber ein Begnadeter und Gesegneter. Es gibt kein Zurück. Das Paradies bleibt verloren. Aber Segen und Gnade bleiben erhalten - und so, erst so kann das Leben beginnen: begrenzt, beschwerlich und befremdlich, ja, von tiefen Entfremdungen gezeichnet. Aber ausgewiesen ist der Mensch nicht aus einer schöneren Welt, sondern aus seiner träumenden Unschuld, in der er sich noch gar nicht wirklich als Mensch erfahren kann, und eingewiesen in einen Lebensraum, in dem er Kultur gestalten und Freiheit entfalten kann.

Was also erzählt der alte Mythos vom Garten Eden? Entgegen landläufiger Meinung kommen die Worte „Sünde“ und „Strafe“ hier gar nicht vor. Adam und Eva sind die Menschheit, die aus ihren noch vor-menschlichen Träumen befreit und über die Folgen ihrer Freiheit aufgeklärt ist. So führt uns der biblische Mythos nicht in mystische Tiefen und Träume, sondern ins wirkliche Leben: So ist das Leben - und das ist der Mensch. Er hat das Paradies, er hat seine träumende Unschuld verloren - und ist doch kein Verlorener. Der wäre er erst, verlöre er die Erinnerung an Gott ganz, an den Gott, dessen Ebenbild er ist und der ihn weiterhin beauftragt, die Natur in Kultur zu verwandeln.

Cees Nootebooms Romanpersonen entkommen dem Bezug auf Transzendenz einfach nicht. Erik Zondag wird immer wieder einem Engel begegnen: „Till next time then, right?“ Insofern kommt der Roman der Bibel nahe, auch im illusionslosen Erfassen des wirklichen Lebens jenseits von Eden, des tatsächlichen Menschseins im Diesseits. Sollte Nooteboom nur eine bis ins Letzte säkularisierte, profanisierte Garten-Eden-Geschichte geschrieben haben? Doch bei mancher Nähe gibt es einen grundlegenden Unterschied. Jedenfalls werde ich den Eindruck nicht los, Alma wolle ein Engel kraft eigener Vollmacht sein. Was sie als Engel ist, ist sie als Zitat. Die wenigen Stellen, an denen die Bibel alte Engelsmythen aufnimmt, zielen weder auf Menschwerdung der Engel noch Engelwerdung des Menschen. Ein Engel war der Mensch nie. Er war nie etwas anderes als Mensch.

Wer deshalb im Sinne der Bibel Engel sein will, muss einen Auftrag haben, eine Botschaft. Denn die biblischen Engel sind personifizierte Botschaft, gestaltgewordenes Wort Gottes. Sie bleiben selbst unanschaulich, nicht weil sie mythische, mystische oder sonstwie mysteriöse Wesenheiten zwischen Himmel und Erde wären, sondern einzig weil sie die ihnen aufgetragene Botschaft anschaulich, sprich: hörbar machen sollen. In dieser Botschaft kommt Gott auf den Menschen zu. Einzig Gott transzendiert den Menschen. Zwar vermag der Mensch über sich selbst hinauszufragen und insofern sich selbst zu übersteigen. Am Ende aber stoßen alle diese Versuche an eine unüberwindliche Grenze. Denn der Mensch, der mehr sein will als Mensch, ist allemal weniger als Mensch, weil er sich anderes Leben unterwerfen, gefügig machen will und im Missbrauch seiner Macht lauter Ohnmächtige schafft.

Kann es eine Transzendenz ohne Gott geben? Ohne Gott bleibt doch jeder „Himmel“ leer. Obwohl Gott nicht da ist, wo der Himmel ist, sondern der Himmel, wo Gott ist! Ohne Gottesbezug bleibt menschliches Leben eindimensional, nur bei sich selbst. Auch die Kunst ist nur dann wirklich göttlich, wenn sie von Gott ergriffen ist. Das schmälert keineswegs das Wunder der Kunst, die erkennen lässt, wie der Mensch über sich selbst hinausfragt. Kunst ist so wunderbar, dass sie unser „interesseloses Wohlgefallen erregt“ (Immanuel Kant: Kritik der Urteilskraft). Insofern weist sie über uns selbst hinaus. Aber sie erreicht niemals Gott - es sei denn, Gott erreiche durch die Kunst uns.

Will der Autor etwa von Gott sprechen? Ich denke, nicht. Denn von Gott fällt kein einziges Wort. Warum auch?! Es reicht ja, wenn er uns das Wunderbare der Kunst vor Augen führt - in all ihrer Begrenztheit und Endlichkeit und bar jeder Illusion, sie könne ins Paradies zurückführen. Mir scheint, in „Paradies verloren“ bestätige Nooteboom die These und begrenze sie zugleich, Transzendenz gebe es heute nur noch in der Kunst, die Sammlung von Kunstzitaten sei die einzige Schatztruhe für Geheimnisse, wie sie uns in Engeln berühren. In meiner Sicht stellt sich damit - gerade unter leerem Himmel - die Frage nach Gott, nach dem wahren Grund und der wahren Tiefe des Lebens wieder neu.

Ganz am Schluss des Buches, auf der Zugreise nach Berlin, bittet der Autor die Frau, die Miltons „Paradise lost“ liest und alles für ein „Missverständnis“ und die „Strafe für zu hart“ hält, ihm einen Schluss für seinen eigenen Roman zu liefern. Sie sagt: „'Haben Sie mal über denjenigen nachgedacht, der das Paradies erfunden hat? Einen Ort ohne Missverständnisse? Bei der maßlosen Langeweile, die dort herrschen muss, kann es sich nur um eine Strafe handeln. So etwas kann nur einem sehr schlechten Schriftsteller einfallen.“

Wie ist das zu verstehen? Die biblische Garten-Eden-Geschichte kann eigentlich nicht gemeint sein. Denn die Geschichte vom erwachenden Menschsein durch und im Gegenüber zu Gott ist doch hochspannend und keineswegs langweilig. Es handelt sich auch weder um ein Missverständnis noch geht es um eine Strafe, sondern um das Menschsein, wie es ist: um den Menschen in seiner endlichen Freiheit, der diese gerade dann nicht hätte, wenn er unendlich wäre. Denn nur weil unser Leben endlich ist, hat jeder Augenblick seinen eigenen Wert. Dagegen sind Augenblicke, die sich unendlich und immer gleich aneinanderreihen, kein Himmel, sondern eine Hölle, weil alles gleich-gültig ist.

Im Blick darauf will uns die Bibel ja in eine ganz andere Geschichte verwickeln: in die Geschichte Jesu Christi. Die kommt ohne solche Engelwesen aus, die ans Paradies erinnern, nur um uns gleichzeitig auf dessen Verlust zu stoßen und ein Verlorensein auf ewig, das uns nur noch Paradiesträume, nur noch das große Heimweh übrig lässt, das große Vermissen. Denn kraft der Lebenshingabe Jesu Christi sind wir auch unter leerem Himmel von Liebe umgeben. Die gibt uns niemals auf und weist uns niemals zurück. In ihr haben wir eine Heimat, die uns nie wieder verloren geht. Mehr können wir in keinem Paradies finden. Verabschieden wir doch endlich die unchristliche Vorstellung, Himmel sei ein geographischer Ort. Himmel ist eine Seinsweise: gemeinsames Leben, in dem das Erbarmen zur Barmherzigkeit wird und die Güte als höchstes Gut gilt. In dem Menschen einander in ungeschmälerter Anerkennung begegnen, weil sie sich von Gott anerkannt wissen. Amen.

[21]
„Schiffbruch mit Tiger - Das Leben des Pi“ (Yann Martel)
Ev. Kirchenzentrum Kronsberg
13. Januar 2013 - Filmpredigt mit Johannes 1,29 und Markus 1,13c

Liebe Gemeinde!

Selten hat mich ein Film derart beeindruckt. Mit jedem Sonnenstrahl, Sternenleuchten und Sturmgewitter die Natur in ihr ganzen Schönheit und in ihrem ganzen Schrecken. Aufgang und Untergang. Grausame Vernichtung und unglaubliche Rettung - wie Zorn und Gnade, Verlust und Gewinn, brutale Gewalt und tiefer Frieden ineins. Untröstliche Trauer und unerschütterliches Vertrauen. Inmitten aller Gefahr und erbittertem Konkurrenzkampf ums Leben eine abgrundtiefe Fremdheit und unverbrüchliche Verbundenheit. Ich könnte noch weitere Gegensätze und Widersprüche, Paradoxien und Antinomien nennen, von Kitsch und Kunst sprechen, um diesen Film zu charakterisieren: «Life of Pi» - «Schiffbruch mit Tiger». Als meine Frau von diesem Buch vor einigen Jahren erzählte, habe ich nur ungläubig den Kopf geschüttelt. Dabei will der Kanadier Yann Martel es nach einer wahren Begebenheit geschrieben haben.

Es ist die Geschichte eines indischen Jungen, der nach einem Pariser Schwimmbad benannt wurde: Piscine Molitor Patel. Um dem Gelächter seiner Mitschüler zu entgehen, nennt er sich Pi: nach dem konstanten Multiplikationsfaktor „Pi" gleich 3,14159265... für die Kreisberechnung. [Die Mathematiker unter uns mögen überlegen, welchen symbolischen Sinn „Pi" als unendliche nichtperiodische Dezimalzahl aus der Klasse der irrationalen Zahlen in diesem Zusammenhang hat.] Der Junge Pi ist ebenso intelligent wie tief religiös, er ist Hindu, Christ und Muslim. Sein Vater, für den freilich Religion „Dunkelheit" ist, betreibt im indischen Pondicherry einen Zoo, will sich aber aus wirtschaftlichen Gründen mit allen Tieren und der ganzen Familie auf dem japanischen Frachter ‚Tsimtsum' nach Kanada verschiffen. In einem geradezu bösartigen Unwetter über dem pazifischen Marianengraben, der tiefsten Stelle der Erdkruste, versinkt das Schiff mit Menschen und Tieren. Es wird zur Anti-Arche-Noah.

Nur Pi kann sich in einem Rettungsboot über Wasser halten, der Junge und ein Zebra, ein Orang-Utan, eine Hyäne, ein Tiger, der aufgrund eines Schreibfehlers ‚Richard Parker' genannt wird. Schon bald tötet die Hyäne Zebra und Orang-Utan, aber sie alle frisst, mit Haut und Haaren, ‚Richard Parker'. Nun sind der Tiger und der Junge allein im Boot. Pi kann nur in einem provisorischen Beiboot vor ‚Richard Parkers' Fressgelüsten überleben. Gleichwohl versteht er es, die Bestie immer wieder in Schach zu halten und das gefährliche Tier mit Fressen zu versorgen. Sicher um nicht selbst gefressen zu werden. Zugleich weil Pi Achtung vor dem Tier und seiner Majestät hat, Achtung vor allem vor dem, was das Tier braucht, wie das Tier nun einmal ist. Weil er, so allein auf dem Meer, nicht vereinsamen möchte. Und weil gerade die Gefährlichkeit des Tigers ihn wach und aufmerksam bleiben lässt in den Gefahren des Meeres, den Stürmen, Blitzen, Riesenwellen. Pi, der übrigens Vegetarier ist, beschützt den Tiger, um sich selbst vor dieser tierischen Naturgewalt zu schützen und, soweit es ihm möglich ist, den Naturgewalten überhaupt standzuhalten.

«Schiffbruch mit Tiger» bedeutet darum auch: Ohne den Tiger wäre Pi's Schiffbruch total gewesen. Dass es dazu nicht kommen muss, setzt beim Menschen die Einsicht voraus: Der Tiger ist ein Tiger, der Mensch ist ein Mensch, auch wenn wir beide Tiere sind. Das Tier kann nicht die Perspektive des Menschen übernehmen, aber der Mensch kann insoweit - nur insoweit - die Perspektive des Tieres übernehmen, indem er dessen Eigenart und Eigenwert achtet. In diesem Sinn ist der Mensch Natur, in der die Natur ihre Augen aufschlägt und bemerkt, dass sie da ist.

Als dieser Augenaufschlag der Natur steht der Mensch aber nicht „über“ dem Tier, sondern er wird verantwortlich für das Überleben beider, soweit *er* dafür sorgen kann. Die Natur könnte ohne den Menschen auskommen. In der vom Menschen ökonomisch und technisch beeinflussten Welt jedoch gibt es Überleben nur noch gemeinsam.

Ist ‚Richard Parker’, trotz seines Menschennamens ein Tigertier, ein Sinnbild für unsere eigenen Ängste? Für die Bestie in uns? Für unsere Furcht gegenüber der Außen- wie der Innenwelt? Lautet die Botschaft des Films: Als Menschen müssen wir lernen, mit unseren tierischen Ursprüngen und Anteilen umzugehen, unsere eigene Gewaltbereitschaft zu bändigen, wenn wir selbst in Frieden leben, überleben wollen?! Durch den Tiger wird Pi’s Überlebenswille geweckt, zugleich seine Menschlichkeit. Was ihn in Gefahr bringt, wird zu seinem Gefährten, seinem letzten und einzigen! Aber die Andersheit zwischen Tier und Mensch bleibt: ‚Richard Parker’ verschwindet ohne Blick zurück auf Pi im Tropenwald, als sie nach 227 Tagen an der Küste von Mexico stranden. Pi trauert um seinen gefährlichen Gefährten, aber er akzeptiert auch diese Ohnmacht - wie das Unbekannte, das kein Mensch erklären, wie das Unverfügbare, das kein Mensch handhaben kann, wie die Macht Gottes, den er mitten in einem tosenden Gewittersturm wie Hiob anschreit und zum Streit herausfordert, ohne diejenige Macht aus der Hand zu geben, die ihm noch zur Verfügung steht. Gegen die Gottesmacht ist die Menschenmacht geringer als gering, aber Pi fühlt sich weder erniedrigt noch klein. Er erschrickt, erschaudert, ist zutiefst erschüttert - und eben darin wachsen in ihm Vertrauen und Hoffnung. Die Welt der Tiere und der Menschen sind verschieden, aber sie bilden doch eine Welt. Zwischen der Welt Gottes, die sich hier - wieder wie bei Hiob - zunächst einmal in Naturgewalten zeigt, und der inneren Welt des Menschen besteht ein tiefer Riss, aber es ist doch eine Welt.

Noch als Pi, der einzige Überlebende, im Krankenhaus liegt, will die Reederei des untergegangenen Schiffes von ihm den Hergang wissen. Die Befrager glauben ihm den ‚Schiffbruch mit Tiger’ nicht. Da erfindet Pi für sie eine andere Geschichte, eine wahrscheinlichere. Zum Schluss fragt Pi seine Befrager: „Welche ist die bessere Geschichte, die mit den Tieren oder die ohne Tiere?“ Sie antworten: „Die Geschichte mit den Tieren ist die bessere Geschichte.“ Darauf Pi Patel: „Danke. Und genauso ist es mit Gott.“ (S. 379 - siehe Anm. am Schluß)

Wie bitte, liebe Gemeinde, genauso soll es mit Gott sein? Diese Antwort des inzwischen erwachsenen Pi verstehe ich nun überhaupt nicht: „Und genauso ist es mit Gott.“ Soll das heißen, die unwahrscheinlichere Geschichte ist die Geschichte mit Gott, ja, die Geschichte Gottes? Es bleibt für mich eine offene Frage, mit der ich jetzt zwei biblische Bezüge herzustellen versuche.

In der Biblischen Lesung haben wir vorhin von Jesu Taufe durch Johannes den Täufer gehört. Ähnlich wie in Matthäus 3 steht es in Markus 1. Dann folgt die bei Markus nur kurze Geschichte von Jesu Versuchung in der Wüste, die eine unscheinbare Notiz enthält: *...und war bei den wilden Tieren...* (Markus 1,13c). In der Versuchungsgeschichte geht es um die Vorbereitung auf ein schwieriges Leben. Darauf kann sich offenbar vorbereiten nur, wer bei den „wilden Tieren" war. Das könnte bedeuten: Ohne Gefahr gibt es kein Überleben - wie kein Leben ohne Schmerz auskommt, der, wie schon die alten Griechen sagten, „der bellende Wachhund unserer Gesundheit ist". Leben wird nur, wer die äußeren Gefahren kennt, die innere Bestie erkennt und die Macht anerkennt, die unabhängig sowohl von unserer Macht als auch von unserer Ohnmacht wirkt und waltet, und sie zugleich anzunehmen als Voraussetzung und Bedingung des Lebens.

In Widerstand und Ergebung erfährt Pi mit und unter allem Unbekannten, Unbestimmbaren, Unwahrscheinlichen, Unbezwingbaren ein Anderes, ein Gegenüber, das ihn als Person berührt, das er deshalb anspricht mit dem Namen ‚Gott'. ‚Gott' ist ja kein Begriff, sondern der Name für alles, was uns umgreift, auf das wir schlechthin angewiesen sind und worauf wir uns verlassen können. Als Personen, die wir sind, erfahren wir es personal, verdichtet in einem Namen, in dem alle Namen ihren Grund haben. Dann muss das Weltgeschehen, so wenig es uns im Einzelnen stimmig erscheint, so wenig wir dem, was nun einmal - wie Unrecht, Gewalt, Missbrauch - nicht stimmt, den Mantel der Stimmigkeit umhängen dürfen, keineswegs im Ganzen sinnlos sein. Gerade dadurch wachsen in Pi Dankbarkeit, Demut und Vertrauen: ein Vertrauen, das im Dennoch des Glaubens geboren wird. Von ‚Gott' wird ja nicht gesprochen, um Recht zu haben oder im Namen des Höchsten das letzte Wort, sondern um des eigenen Personseins eingedenk zu werden, ohne es einerseits größer, andererseits kleiner zu machen als es ist - und den Grund wie die Grenzen der eigenen Macht in einer Wirklichkeit begründet zu wissen, auf die niemand seine Hand legen kann als der, den wir ‚Gott' nennen.

Ist auch das, liebe Gemeinde, eine unwahrscheinliche und dennoch unsere Geschichte? Einen Hinweis erhoffe ich mir von dem Predigttext, der für den heutigen 1. Sonntag nach Epiphanias vorgesehen ist. Statt wie die anderen Evangelisten unmittelbar von der Taufe Jesu durch den *Täufer* Johannes zu erzählen, lässt der *Evangelist* Johannes in Johannes 1, Vers 29, den Täufer im Blick auf Jesus ein Zeugnis abgeben: *Siehe, das ist Gottes Lamm, das der Welt Sünde trägt!* (Johannes 1,29) Den religionsgeschichtlichen Hintergrund dieses Bildes einmal beiseite lassend, stelle ich jetzt nur fest: Hier werden Mensch und Tier zusammengesehen. Im Bild vom Lamm verbinden sich gleichsam «Natur und Gnade». Hier konkretisiert sich, womit das Johannes-Evangelium beginnt: *Im Anfang war das Wort, und...Gott war das Wort...und das Wort ward Fleisch und wohnte unter uns...* (aus Johannes 1,1+14).

Das „Wort“, das ist der Logos: das, was die Welt im Innersten zusammenhält, die Wirk- und Werdekraft, der Grundsinn von Welt und Leben, zugleich ihr Lebensgeist, ihre Vernunft - es gibt dafür im Deutschen keine angemessene Übersetzung. Im Evangelium nach Johannes aber bleibt dieser Logos, dieses „Wort“ kein Wissen, das alles erklärt, kein flüchtiger Geist, sondern wird festes Fleisch, wird Mensch - damit hochgefährdet. Dieses Menschsein, wahrnehmbar im Menschsein Jesu, lässt der Evangelist den Täufer nun sogar versinnbildlichen im Tier, im „Lamm“. Das „Lamm“ ist weder ein wilder, hungriger Tiger noch ein Wappentier wie das erhabene Pferd und der fliegende Adler. Es ist ein Opfertier. Umso besser mag es geeignet sein, um den Riss in Welt und Leben zu versinnbildlichen: als Opfertier, als Lebewesen, das diesen Riss an sich selbst erfährt, die Gefahr, die Gewalt - als Stellvertreter, damit anderes Leben verschont bleibt. So symbolisiert es den Riss und die Rettung. Denn „Sünde“ - das ist dieser Riss durch Welt und Leben, „Sünde“ kommt nämlich von Sund: Trennung. Diese Trennung nimmt der Logos auf sich. Seither ist Wahrheit etwas anderes als eine stimmige Welterklärung, in der alles Unstimmige, Unpassende, Untröstliche wegerklärt wird - und damit auch das wirkliche Menschsein, ja die ganze Welt mit ihren Riefen und Rissen, mit ihren Unwägbarkeiten und Widerfahrnissen. Wenn nämlich keine Tränen der Trauer mehr geweint werden müssen, wird es auch keine Tränen der Freude mehr geben. Die Wahrheit, der Logos, Gott haben ihren Platz an den Bruchlinien unserer Erfahrung.

Warum also muss es ausgerechnet das „Lamm“ sein - statt Tiger oder Löwe, Pferd, Adler? Weil im Blick auf Jesus, dem Kind in der Krippe und dem Mann am Kreuz, der als dieses „Lamm“ erkannt wird, ganz und gar die Perspektive der Opfer, der Verletzbaren und Verwundbaren, der Gefährdeten und Gepeinigten eingenommen wird. Wird das Wort Fleisch, wird Gott Mensch, dreht sich die Blickrichtung um: weg von dem Riss durch Welt und Leben als etwas eher Abstraktes hin zu dem, der mit diesem Riss umgehen muss. Mit anderen Worten: Weg von der „Sünde“ zum Sünder - wie Jesus später, Johannes 8 zufolge, statt die Ehebrecherin wegen ihrer *Taten* anzuklagen, die Frau als *Person* schützt. So präzisiert in dem heutigen Predigttext der Täufer Johannes sein Zeugnis ganz auf die Person Jesu hin, wenn er davon spricht, nach ihm käme ein Mann, auf dem der Geist Gottes liege und der statt mit Wasser mit dem Heiligen Geist taufe.

Er habe Jesus nicht gekannt, lässt der Evangelist den Täufer sagen und ihn doch Jesus öffentlich bekennen als „Gottes Sohn“, also als Menschen Gottes für uns, der für unser Menschsein vor Gott eintritt. Jesus nicht kennen und doch bekennen? Ich deute das so: All unser Kennen und Wissen lebt von Voraussetzungen, die vor uns da, in die wir hineingestellt sind, aus denen heraus wir etwas erkennen, von Möglichkeiten, die unser Wirken ermöglichen. Als Pi Patel den ‚Schiffbruch mit Tiger' erlebte und durchstand, hat etwas anderes als er selbst, etwas Fremdes, ja Gefährliches, in ihm die notwendigen Kräfte hervorgebracht: seine Wachsamkeit, seine Tatkraft und in, mit und unter alledem sein Vertrauen, es werde gut ausgehen, auch wenn es noch schlecht um ihn steht. Wie kein anderes Tier, kann der Mensch vertrauen: ein Versprechen vernehmen, auch wenn das Wasser ihm bis zum Hals steht. Ja, der Mensch ist, folgen wir Friedrich Nietzsche, das Tier, das versprechen kann, das etwas in Aussicht stellen, sich auf eine gemeinsame Zukunft beziehen kann - und deshalb vermag er mitten in der Gefahr auf Rettung zu setzen, mitten im Tod auf Leben: darauf, dass das eigene Lebendigsein zusammen mit dem Lebendigsein anderer bewahrt bleibt.

Eine unwahrscheinliche Geschichte, die unsere Geschichte ist und immer wieder werden will! Und die niemanden aus dieser Geschichte ausschließt. Dass nämlich das *Lamm...der Welt Sünde trägt*, stiftet ein bleibendes Gedächtnis noch den Opfern. Auch sie gehören ins Ganze von Welt und Leben, auch sie gehören zu ‚Gott'. Das soll eine rettende Erinnerung sein für die, an die sich sonst niemand erinnern will. Uns allen soll es verwehren, jemanden zum Opfer zu machen. Wir können den Riss, der durch Welt und Leben geht, nicht schließen, aber wir können verhindern, dass er tiefer wird. Es gilt, sich inmitten von Gefährdungen nicht aufzugeben, zugleich die Illusion aufzugeben, das Gefährdende und Befremdliche ganz beseitigen zu können. Mag es in dieser Welt auch keine endgültige Rettung geben, bleiben wir doch aufgefordert, uns an ihr, der Möglichkeit einer Rettung, zu orientieren und darin Zuversicht wachsen zu lassen. Zuversicht ist mehr als mit einem guten Ausgang zu rechnen. Zuversicht heißt vor allem, sich unabhängig von einem wie auch immer gearteten Ausgang eine Sicht über das Sichtbare hinaus schenken zu lassen und sich darin aufgehoben zu wissen, sich dazu „zu versehen“. Wie Jesus bei den „wilden Tieren“ und als *Gottes Lamm, das der Welt Sünde trägt*, das also ganz eintritt für alles Lebendige.[1] Amen.

---

[1] Siehe Yann Martel: Schiffbruch mit Tiger, Frankfurt/M. 2013[17] (kanadische Originalausgabe 2001: „Life of Pi“). Den Film (Regie: Ang Lee - 2012) habe ich Anfang Januar 2013 im Raschplatzkino Hannover gesehen.

Printed by Books on Demand GmbH, Norderstedt / Germany